Benjamin von Thaysens

Plötzlich Rassist

Eine Intrige nach einer wahren Begebenheit

Copyright: © 2020 Benjamin von Thaysens
Lektorat: Erik Kinting – www.buchlektorat.net
Satz: Erik Kinting
Titelbild: George Hodan, Lizenz: CCO Publik Domain

Verlag und Druck:
tredition GmbH
Halenreie 40-44
22359 Hamburg

978-3-347-04926-0 (Paperback)
978-3-347-04927-7 (Hardcover)
978-3-347-04928-4 (e-Book)

Das Werk, einschließlich seiner Teile, ist urheberrechtlich geschützt. Jede Verwertung ist ohne Zustimmung des Verlages und des Autors unzulässig. Dies gilt insbesondere für die elektronische oder sonstige Vervielfältigung, Übersetzung, Verbreitung und öffentliche Zugänglichmachung.

Bibliografische Information der Deutschen Nationalbibliothek:
Die Deutsche Nationalbibliothek verzeichnet diese Publikation in der Deutschen Nationalbibliografie; detaillierte bibliografische Daten sind im Internet über http://dnb.d-nb.de abrufbar.

Prolog

Mein Name ist Benjamin von Thaysens, ich bin 52 Jahre alt und komme aus einem kleinen Dorf in Westfalen. Ich war ein Karrierist und Arbeitsnomade, legte eine steile Karriere in der Wirtschaft hin, bis ich bei meinem letzten Arbeitgeber einer schmierigen Intrige zum Opfer fiel und gefeuert wurde. Der Name ist natürlich ein Pseudonym, ebenso wie alle anderen Namen – um mich zu schützen, weil ich mich für meine Erlebnisse immer noch schäme, und weil es natürlich gegen die Persönlichkeitsrechte der anderen Beteiligten verstoßen würde. Hinter all diesen Pseudonymen stecken jedoch reale Menschen, wie mein früherer Chef, den ich hier *Carsten Otterpohl* nenne, der mich beruflich weit vorangebracht hat, aber auch hinterhältige Kreaturen wie Amihan Gellela und Karl Huber, die mir eine schwere Depression sowie sozialen und mentalen Abstieg eingebrockten. Und natürlich so wunderbare feinfühlige Persönlichkeiten wie meine Ehefrau Carola, Frauke Michel und Schwester Anja, die mich mit all ihrer Kraft aus einer tiefen Depression befreiten und mich von meinem Absturz auf den Straßen Berlins erlösten. Sie bauten mich behutsam wieder auf. Ihnen werde ich mein Leben lang dankbar sein.

Kapitel 1 – Tiefer Fall

Mein Untergang begann am 7. August 2018, dem Tag, an dem meine berufliche Karriere zerfetzt wurde wie ein abgestürzter Kletterer aus 1000 Meter Höhe, an dem aus mir, einem Topmanager, ein Wrack wurde. Ein obdachloser Penner.

Obwohl ich am Vortag von meinem Chef angezählt worden war, begann dieser brütend heiße Augusttag für mich wie jeder andere. Ich hatte während meiner beruflichen Karriere bereits eine Vielzahl kritischer Situation überstanden, warum dann nicht auch diese? Ich empfand zwar eine gewisse Anspannung, aber nicht so stark, dass es mich beunruhigte. Meine morgendliche Routine lief ab wie immer, so präzise wie ein Schweizer Uhrwerk: 50 Minuten benötigte ich von der Rasur über die Dusche bis zum Frühstück, pünktlich um 7.00 Uhr saß ich dann in meinem nagelneuen Firmenwagen, einem überdimensionierten *AUDI* und fuhr zur Arbeit. Am Vorabend gegen 19.00 Uhr hatte ich mir, wie jeden Abend um diese Zeit, via Smartphone einen Überblick über den heutigen Tag verschafft. Ein Meeting reihte sich an das nächste. Mir machte das nichts aus; ich war es gewohnt, *straight* durch den beruflichen Tag zu *cruisen*, wie man es in Managerkreisen vorzugsweise anglistisch angehaucht und *total easy* ausdrückt.

Trotz des gestrigen Ereignisses mit Karl Huber war ich voll motiviert. Erst letzten Samstag war ich mit Carola aus dem Urlaub zurückgekehrt, wir hatten unsere Hochzeitsreise auf einer italienischen Insel verbracht, es war traumhaft schön, mit feinsandigen schneeweißen Stränden und türkisfarbenem Wasser wie in der Karibik. Meine Stressresistenz war also noch ausgeprägter als sonst, weil ich ausgeruht war und drei Wochen am Stück mit Carola verbracht hatte, was sonst selten vorkam.

Während der Fahrt ins Büro hörte ich einen Song von Klaus Lage: *So lacht nur sie*. Ich dachte dabei beschwingt an Carola, gleichzeitig überlegte ich, was ich am Abend unternehmen könnte. Ich brauchte auch noch ein paar neue Oberhemden – Krawatten trug ich nicht, die waren out. Ich achtete sehr auf meine Kleidung und mein Äußeres. Mein Erscheinungsbild war mir wichtig. Mich inspirierte seit vielen Jahren der italienische Businesslook, ich kombinierte blaue Hemden mit blauen Anzügen von *Cinque* oder *Boggi Milano* – alles im Slim-fit-Schnitt –, dazu trug ich braune Gürtel und braune Schuhe. Natürlich musste der wahlweise hell- oder dunkelbraune Gürtel farblich präzise zu den Schuhen passen. *Ach was*, entschied ich dann, *ich lasse mich treiben*. Ich nahm mir also erst mal nichts weiter für den Abend vor.

Auf dem Firmengelände angekommen, parkte ich mein Auto, wie immer am selben Platz. Der war zwar nicht markiert, ich besaß aber ein Gewohnheitsrecht. Ich parkte direkt neben Karl

Huber, dem Inhaber und Geschäftsführer des Unternehmens. Bei mir lief immer alles nach einem festen Muster ab.

Ich schnappte mir meine braune Ledertasche, die mir Carola vor vielen Jahren geschenkt hatte, und ging die wenigen Meter in mein Büro. Zu meiner Überraschung wurde ich bereits von Greta Vogl und einem Betriebsrat in meinem Büro erwartet, der offenbar als Zeuge für das fungierte, was dann folgte. Greta Vogl war die Personalleiterin im Unternehmen. Trotz meiner Verblüffung streckte ich Greta Vogl zur Begrüßung die Hand entgegen.

Sie verweigerte mir den Handschlag jedoch und kam sofort zur Sache: »Herr von Thaysens, ich muss Ihnen mitteilen, dass wir Ihnen fristlos kündigen. Bitte packen Sie Ihre persönlichen Sachen zusammen, übergeben Sie mir Ihren Firmenwagen und Ihr Firmenhandy und verlassen Sie dann sofort das Firmengelände. Aber bitte durch den Hinterausgang, sodass Sie niemand sieht. Sie dürfen sich auch nicht von Kollegen und Mitarbeitern verabschieden. Ich begleite Sie raus.«

Das hatte gesessen! Ich war wie gelähmt, brachte keinen Ton raus.

Etwas Schriftliches bekam ich nicht. Ich folgte traumatisiert den Anweisungen von Greta Vogl und wankte nur wenige Minuten später wie ein angeschlagener Boxer zu Fuß Richtung Bahnhof. Dort nahm ich den nächsten Zug in die Innenstadt zu meinem Apartment.

Kapitel 2 – Wie alles begann

Ich wollte immer sein wie Karl Siebrecht, der Hauptakteur in Hans Falladas Roman *Ein Mann will nach oben*. Er handelt vom Aufstieg Karl Siebrechts, der nach dem Tod seines Vaters zum Vollwaisen wurde, sein Heimatdorf verließ und nach Berlin zog, um Karriere zu machen. Ich fühlte mich lange in meinem Leben wie Karl Siebrecht. Diese Geschichte von der Rohheit der alten Wirtschaftswelt in der Vor- und Nachkriegszeit Deutschlands, der der Feingeist Karl Siebrecht gegenüberstand und erfolgreich meisterte, faszinierte mich und hatte zudem ein Happy End. Ich beschloss daher, meinen Weg zu gehen – wie Karl Siebrecht.

Ich wollte ein Manager werden, ein richtig guter Manager. Kein selbstgefälliger Schaumschläger und Sprücheklopfer im Maßanzug, wie die, die ich oft Austern schlürfend auf Empfängen sah. Meine Ziele waren viel größer, viel ehrgeiziger: Mein Anspruch war es, die gesamte Klaviatur aus Fachwissen, Führungskompetenz, Empathie und fein klingender Kommunikation zu beherrschen, aufzusteigen und trotzdem bescheiden zu bleiben. Das wollte ich. Ich konnte nur gewinnen, ich kam ja aus einfachen Verhältnissen.

Meine Mutter verließ unsere Familie, als ich 18 Jahre alt war, zwei Jahre nach der Silberhochzeit meiner Eltern. Mein Vater starb ein

Jahr, nachdem sie weg war. Meine beiden Brüder und ich lebten uns nach dem Tod des Vaters auseinander. Es gab keinen Streit zwischen uns, wir hatten uns einfach nur nicht mehr viel zu sagen. Jeder kümmerte sich ums sich selbst.

Ich konnte mich also ganz auf meinen Weg konzentrieren, war ehrgeizig und wissbegierig, ungebunden und mobil. Die Reise konnte beginnen.

Zuerst verschlug es mich nach meiner kaufmännischen Ausbildung und Bundeswehrzeit nach Bayern, wo Fachkräfte gesucht wurden. Wo Fachkräfte Mangelware sind und das wirtschaftliche Wachstum scheinbar grenzenlos ist, würden früher oder später Führungskräfte gesucht, urteilte ich. Ich lag richtig, wie sich herausstellte, es war meine erste gute Managerentscheidung.

Ich startete durch und arbeitete oft doppelt so viel wie meine Kollegen. Nicht weil ich es musste, sondern weil es mir Spaß machte. Ich war schier grenzenlos motiviert, hatte Kraft wie ein Gewichtheber und Ausdauer wie ein Triathlet. Wenn Arbeitskollegen nach Hause gingen, arbeitete ich weiter, manchmal die ganze Nacht, analysierte Daten und Fakten und traf darauf basierend präzise Entscheidungen.

Ich absolvierte nebenbei drei Jahre lang eine fachspezifische Weiterbildung zum Logistiker. Direkt im Anschluss, wieder nebenbei, absolvierte ich ein Studium und war fortan Diplomökonom, ein Akademiker. Ich bekomme heute noch Gänsehaut vor Stolz, wenn ich daran denke, wie ich die Diplomurkunde das erste Mal in Händen hielt.

Aber ich wollte noch mehr. Immer hatte ich Karl Siebrecht vor Augen, diesen Wirtschaftsakteur und sprachlichen Feingeist. Ich recherchierte wochenlang, bis ich das richtige für mich fand: ein Sozialkompetenz- und Kommunikationsstudium an einer Fachhochschule. Das war es, was ich suchte, um meine Sprache und mein Verständnis für Menschen weiter zu perfektionieren. Ich meldete mich an, nahm neben dem Selbststudium die Seminare wahr, die einmal im Monat stattfanden, und schloss das Studium nach drei Semestern erfolgreich ab.

Ich war jetzt für alle Aufgaben gewappnet: Aus dem Industriekaufmann wurde ein Logistiker und aus dem Logistiker schließlich ein Ökonom und *Kostenexperte*, wie diejenigen bezeichnet werden, die in Unternehmen einen besonderen Fokus auf Kostenreduzierung legen. Ich wurde eine Kapazität auf meinem Gebiet, ein Manager, der scheinbar aussichtslose Geschäftsbereiche zum Florieren brachte. Ich stieg vom Projektassistenten zum Seniorberater auf und stemmte schließlich erfolgreich Großprojekte.

Dann folgte der nächste große Schritt in meiner Karriere: Ich bekam einen Anruf von einem

Headhunter, der mich im Auftrag eines Unternehmens aus Niedersachsen anwerben wollte. Ich war stolz, meine Leistungen hatten sich herumgesprochen.

Schon eine Woche später saß ich im Zug auf dem Weg zu der Firma, für die mich der Headhunter aufgespürt hatte. Diese Reise entwickelte sich für mich wie eine spannende Expedition ins Paradies: Ich lernte Karsten Otterpohl kennen, eine Begegnung wie ein Lottogewinn – beruflich und intellektuell. Carsten Otterpohl war der Geschäftsführer eines großen mittelständischen Dienstleistungsunternehmens mit 5.000 Beschäftigten. Er zeigte mir in unserem Gespräch eine schlüssige Perspektive auf. Ich überlegte ein paar Tage und nahm sein Angebot dann an. Drei Monate später zog ich von Bayern nach Niedersachsen.

In einer Art Traineeprogramm leitete ich zunächst in einer Stabsfunktion von Carsten Otterpohl das Projektmanagement: eine Aufgabe, die im Kern das Ziel verfolgte, Kostenfaktoren zu ermitteln und zu eliminieren; meine Lieblingsdisziplin. Dieses Gebiet beherrschte ich aus dem Effeff. Ich war nicht nur zielorientiert, ehrgeizig und wissbegierig, sondern auch mutig; kein Projekt schien mir zu groß. Ich arbeitete manchmal drei Tage durch, bis ich die beste Lösung für Carsten Otterpohl parat hatte.

Ich absolvierte während dieser Zeit Führungsseminare auf Kosten des Unternehmens und wurde so vom Rohdiamanten zum Edelstein geschliffen, wie Carsten Otterpohl später meinte.

Nach zwei Jahren erhielt ich eine Beförderung und übernahm eine Position als Bereichsleiter. Ich erinnere mich noch genau an diesen Tag: Ich bezog ein riesiges und komfortabel ausgestattetes Büro auf der sogenannten *Teppichetage* im obersten Stockwerk, da, wo jeder Karrierist landen möchte; mit einem atemberaubenden Ausblick über die ganze Stadt. Mein erster Firmenwagen glänzte vor dem Haupteingang wie ein frisch polierter Kristall, mein Girokonto füllte sich kräftig. Selbstverständlich erhielt ich eine Assistentin – meine erste persönliche Assistentin! *Wow*, dachte ich! War ich jetzt am Ziel meiner Träume angelangt?

Carsten Otterpohl verließ drei Jahre später das Unternehmen und wurde CEO in einer Kölner Aktiengesellschaft mit Tochterunternehmen in ganz Deutschland. Ein Jahr später folgte ich ihm. Ich hätte das nicht gemusst, bei mir meldeten sich nämlich oft Headhunter, um mich für andere Unternehmen abzuwerben. Manchmal testete ich meinen Marktwert, indem ich Gespräche mit anderen Unternehmen führte. Ich hätte tatsächlich woanders viel mehr Geld verdienen können als bei Carsten Otterpohl. Es gab aber etwas anderes als Geld, was mich an der Zusammenarbeit mit ihm faszinierte: seine totale Erfolgsorientierung verbunden mit seiner menschlichen, authentischen und ehrlichen Art.

Wäre das Unternehmen in Flammen aufgegangen, hätte er jeden einzelnen Mitarbeiter persönlich gerettet. In hitzigen Situationen bewahrte er immer die Ruhe und das strahlte auf das ganze Umfeld aus. Kein Mitarbeiter empfand Druck bei ihm, obwohl er geschäftliche Vorgänge extrem beschleunigte und gehörig aufs Tempo drückte. Er ließ seinen Führungskräften Freiraum für die Umsetzung von Ideen und forderte Kreativität ein. Mangelte es an Kreativität, reizte er sie geschickt an. Er sprach nie über Kollegen und Mitarbeiter, die nicht im Raum waren. Er redete mit den Menschen. Man hörte ihn nie klagen oder sich beschweren. Jeder Mitarbeiter wurde von ihm gleich wertgeschätzt, egal ob Arbeiter an der Maschine oder Bereichsleiter im Maßanzug – er machte keine Unterschiede. Carsten Otterpohl hatte ein Gespür für gute Geschäfte. Er war ausgeglichen und ruhte in sich. Diese Aspekte waren es, die herausragende Ergebnisse produzierten. Ich war nie ein Schleimer, ich biederte mich bei niemandem an, auch nicht bei ihm. Wir waren manchmal unterschiedlicher Auffassung, das durfte man bei ihm sein, er forderte geradezu andere Meinungen und Standpunkte von seinen Führungskräften ein. Ich hatte trotzdem nie das Gefühl, mit ihm zu streiten. Sachliche Diskussionen, harte Fakten und stichhaltige Argumente prägten unseren Diskurs. Diesen Stil mochte ich. So war ich auch – und ganz sicher auch Karl Siebrecht.

Jetzt war ich also wieder bei Carsten Otterpohl und leitete einen Betrieb in Rheinland-Pfalz. Selbstverständlich bekam ich einen größeren Firmenwagen, mehr Gehalt und einen riesigen Kompetenzspielraum, ich war ja jetzt ein Firmenlenker. Ich hatte meine Ziele erreicht und dank meiner Mobilität viele Teile Deutschlands gesehen. Ich kam aus einem kleinen Dorf in Westfalen, zog nach Bayern, weiter nach Niedersachsen und von dort nach Rheinland-Pfalz innerhalb von nur wenigen Jahren.

***

Zwischenzeitlich hatte ich Carola kennengelernt. Sie hatte wie ich das Sozialkompetenz- und Kommunikationsstudium absolviert; wir waren im selben Seminar. Carola ist Berlinerin, aber ohne die berüchtigte freche Schnauze, sie ist eher eine leise Person. – Im Gegensatz zu mir, ich bin mehr der extrovertierte Typ.

Ich erinnere mich noch genau an unser erstes gemeinsames Studienwochenende: Sie saß mir gegenüber, trug ein dunkelblaues langärmliges Sweatshirt, Bluejeans, Sneaker und hatte einen niedlichen Kurzhaarschnitt. Ich mochte sie sofort, ohne sie zu kennen.

Schnell bildete sich unter den Kommilitonen eine Fünfergruppe heraus. Wir verabredeten uns, welches Hotel wir buchten, und trafen uns freitagabends. Carola gehörte dazu. Alle anderen Studierenden reisten samstags morgens direkt vor den Seminaren an. Ich freute mich vorher tagelang auf diese Treffen. Besonders weil Carola dabei war. Wir unterhielten uns an diesen beschwingten Freitagabenden über Sport, Mode, Kunst, Musik ... über alles Mögliche, nur nicht über unsere Arbeit. Nicht über die Arbeit zu reden war für mich neu, jedoch überraschend erholsam. Wir aßen gemeinsam zu Abend, tranken zur Verdauung einen Ramazotti, danach Bier, Wasser, Apfelschorle ... Carola trank Rotwein, meistens einen tiefroten Merlot. Die Abende verliefen kurzweilig, oft bis weit nach Mitternacht.

Am nächsten Abend, nach den Seminaren, ging der gesamte Kurs mit den Professoren zum Essen. Carola war immer an meiner Seite. Ich achtete darauf, sie in meiner Nähe zu haben, möglichst viel Zeit mit ihr zu verbringen. Wir unterhielten uns pausenlos, fanden immer interessante Themen, tauschten Standpunkte aus, scherzten miteinander, foppten uns und lachten viel. Wir hatten einen tollen Draht zueinander, so unterschiedlich wir auch waren.

Wir gingen indes kein Verhältnis ein. Es lief nichts zwischen uns. Nicht mal ein Kuss. Als das Studium endete, tauschten Carola und ich unsere Handynummern aus und schrieben uns von Zeit zu Zeit eine SMS. Nicht oft, vielleicht einmal im Vierteljahr. Wir versicherten uns nur, dass es uns gut ginge. Wir wohnten weit auseinander: sie in Berlin, ich in Bayern.

Das änderte sich, als Carola mich eines Abends anrief. Sie war verzweifelt, weinte und schluchzte wie ein kleines Mädchen, das bei *Ikea* seine Mutter verloren hatte. *Wahnsinn*, dachte ich; so kannte ich sie nicht. Trotz ihrer Verzweiflung war sie noch höflich, fragte mich, ob ich Zeit für sie hätte, ihr ein bisschen zuhören könne.

»Natürlich!«, schoss es aus mir heraus.

Sie erzählte mir dann von der schweren Erkrankung ihres Vaters, dass es verdammt ernst sei und er um sein Leben kämpfe. Dass ihre Mutter und sie keine Kraft mehr hätten, jeden Tag das Krankenbett zu hüten. Geschwister hat Carola nicht.

Ich hörte ihr zu, einfach nur geduldig zu. Wir telefonierten stundenlang. Ich erzählte ihr von meinen eigenen Erfahrungen, als mein Vater schwer erkrankte, machte ihr Hoffnung, sprach ihr Mut zu.

In der nächsten Zeit rief ich Carola täglich an, wollte wissen, wie es ihr ging, machte mir Sorgen um sie. Ich interessierte mich dafür, wie es um ihren Vater stand. Von da an riss unser Kontakt nicht mehr ab. Wir schrieben uns täglich SMS, E-Mails und telefonierten abends stundenlang. Wir wurden uns Tag für Tag, Woche für Woche, Monat für Monat vertrauter, ohne uns nur einmal zu treffen. Ich hatte nie zuvor so ein

Vertrauensverhältnis zu einem anderen Menschen aufgebaut. Ich hatte mich immer nur um meine Karriere gekümmert, da war kein Raum für so was. Ich hatte zwar die ganze Zeit eine Partnerin, es war aber nicht so, dass ich mir eine tiefere Beziehung oder sogar Ehe vorstellen konnte. Ich war distanziert, ließ andere nicht an mich heran. Ich baute um mich eine Schutzzone auf, wie die Firewall eines Computers, die Alarm schlägt, wenn sich jemand unbefugt Zutritt verschaffen will. Meine Partnerin sah ich nicht häufig; im Nachhinein frage ich mich, was das eigentlich für eine Beziehung war.

Ich war eindeutig auf der Erfolgsspur: beruflich aufgestiegen wie ein Fahrstuhl direkt vom Keller in die zehnte Etage. Ohne Zwischenstopp. Dazu knallte Carola in mein Leben wie ein riesiges rosarotes Überraschungspaket mit Schleifchen drum. Zudem stand zu jener Zeit gerade mein beruflicher Wechsel von Bayern nach Hannover an. Meine Recherchen ergaben eine Reisedauer von anderthalb Stunden für die Strecke Hannover-Berlin, was fantastisch war. Meine bayerische Partnerin und ich trennten uns. Sie hatte mir ohnehin immer klar gemacht, aus Bayern nicht wegziehen zu wollen, sie war nun mal sehr heimatverbunden. Die Trennung verlief klar und sauber, ohne Groll und Nachtreten. Wir wünschten uns alles Gute, was wirklich von Herzen kam. Mir war dieser Einklang wichtig, denn ich bin nicht der Typ, der andere einfach so sitzen lässt, abhaut, austauscht. Da bin ich wohl durch meine Mutter geprägt, die unsere Familie damals sitzen ließ. Trotz meiner distanzierten Art legte ich immer großen Wert auf Ehrlichkeit, Zuverlässigkeit und Kontinuität; privat und beruflich.

Ich zog also nach Hannover und arbeitete mich zunächst intensiv in meine neue Aufgabe ein. Zugleich hielt ich es für sinnvoll, nach der Trennung von meiner Ex-Partnerin etwas abzuwarten, um mich perfekt und ohne Altlasten auf Carola einlassen zu können.

Etwa drei Monate danach, Carola und ich standen immer noch im Dauerkontakt, meldete ich meinen Besuch bei ihr in Berlin an. Ich buchte Bahnticket und Hotel direkt am Ku'damm und freute mich tierisch, sie wiederzusehen. Ich hatte ein Kribbeln im Bauch, wie ein kleiner Junge vor der Weihnachtsbescherung! So was kannte ich bis dahin nicht.

Carola holte mich freitagnachmittags vom Bahnhof ab. Seitdem sind wir ein Paar, mittlerweile 14 Jahre, davon drei verheiratet.

Ich möchte keinen Tag mit Carola gegen einen Tag ohne sie eintauschen. Sie ist das Beste, was mir je passiert ist: Meine große Liebe, mein Lebensanker, mein Ruhepol! Man hört sie kaum, wenn sie zu Hause ist und durch die Wohnung schreitet, wie eine Katze auf ihren

Samtpfoten. Ich mag das, es verleiht mir Ruhe und Geborgenheit. Sie ist in meiner Nähe. *Sie ist immer für mich da*, fühle ich tief in mir. Und ich bin für sie da. Ich würde Carola einen Arm von mir transplantieren lassen, wenn sie einen bräuchte, so sehr liebe ich sie!

Als die Standesbeamtin bei unserer Hochzeit den Standardspruch: *In guten wie in schlechten Zeiten* aufsagte, hatte ich keine Vorstellung davon, was schlechte Zeiten sein könnten. Jetzt weiß ich es! Und verstehe es!

Wir hatten eine wunderschöne Hochzeitsfeier, gediegen, alle waren festlich gekleidet. Später wurde es rauschende Party. Meine ganze Familie war da, meine guten alten Freunde aus der Heimat. Ich erinnere mich jeden Tag voller positiver Emotionen daran.

Wir verbrachten jedes Wochenende miteinander. Sie zeigte mir Berlin, brachte mir Kunst und Kultur näher. Ich entwickelt großes Interesse für die Kunst, Marc Chagall wurde zu meinem Lieblingsmaler. Wir gingen Tanzen, erlebten ausgelassene Abende und besuchten Theatervorstellungen im *Schlossparktheater* gleich um die Ecke. Durch Carola lernte ich ganz andere Seiten im Leben kennen, die mir bis dahin verborgen geblieben waren.

Aber auch ich brachte Einflüsse in Carolas Leben, die sie vorher nicht kannte. Neben meiner Arbeit war mir Sport wichtig: Wir gingen zum Fußball. Immer wenn mein Lieblingsverein, der

HSV in Berlin spielte, machten wir uns auf ins Olympiastadion. Wir besuchten auch die Handballspiele der *Füchse Berlin*, jubelten, schrien, feuerten an, waren ausgelassen wie tobende kleine Kinder. Wir gingen gemeinsam Joggen. Carola trainierte unter meiner Anleitung Atemtechniken und wurde eine gute Ausdauersportlerin. Sie mag es jetzt, sich auszupowern, wenn sie erschöpft vom Job nach Hause kommt.

Nach ein paar Monaten nahmen wir uns eine gemeinsame Wohnung in Berlin; eine schöne Altbauwohnung mit hohen Wänden und alten Holzdielen, die knarzten. Wir mögen dieses Morbide, es hat in unseren Augen Charme. Ich hatte jetzt richtige Anker im Leben: Carola und unsere gemeinsame Wohnung. Zum ersten Mal verspürte ich ein Gefühl von *Angekommensein*, von *Zuhause*. Auch mein Jobwechsel nach Rheinland-Pfalz änderte daran nichts: Berlin blieb unser Lebensmittelpunkt. Wir mussten zwar etwas längere Reisezeiten in Kauf nehmen, ließen uns davon jedoch nicht beeindrucken. Wir empfanden diese Brüche – mal Berlin, mal Worms, wo ich von nun an arbeitete – als Bildungsreisen. Es gab für uns überall etwas Spannendes zu entdecken. Wir waren neugierig. Wir hatten uns. Das war das Wichtigste.

***

Fünf Jahre später verließ Carsten Otterpohl das Unternehmen. Unserer Aktiengesellschaft, der er vorstand, wurde von einem internationalen Finanzkonzern übernommen; eine *feindliche Übernahme*, wie es in der Wirtschaft heißt. Carsten Otterpohl stemmte sich zunächst energisch der Übernahme entgegen, war am Ende jedoch gegen die Finanzkraft der Gegenseite machtlos. Er verließ das Unternehmen umgehend, ging mit Anfang sechzig in den Ruhestand und nahm verschiedene Aufsichtsratsposten an. Er ließ es fortan ruhiger angehen. Aus seiner Sicht verständlich, aber ich fand es schade, er war schließlich eine grandiose Führungspersönlichkeit und hatte einen tadellosen Ruf in der Branche. Wir sahen uns nun nicht mehr täglich, sondern nur noch höchstens vierteljährlich zu Managementmeetings. Einzelgespräche zwischen uns gab es fast nicht mehr, nur vereinzelnde Telefonate. Ich war, seit ich die Position in Worms angenommen hatte, mein eigener Herr, musste lediglich ihm Bericht erstatten beziehungsweise seine Assistenten, ähnlich wie ich früher einer von ihm war. Direkten Kontakt hatten wir also nicht mehr viel, was von ihm gewollt und gefördert wurde. Ich war mit dieser Situation zufrieden, konnte endlich völlig frei agieren, was schon immer mein Ziel war.

Der Konzern wurde dann ausgedünnt, von den neuen Inhabern filetiert und zerschlagen.

Mein Unternehmen hielt sich lange im Konzern, denn ich produzierte sehr gute Ergebnisse und brachte den Investoren reichlich Ertrag ein – bis ich nach drei weiteren Jahren merkte, dass es mir nun genauso erging wie vielen Kollegen, die längst das Unternehmen verlassen hatten: Jetzt war ich an der Reihe, mein Unternehmen stand zum Verkauf. Der Grund erschloss sich mir nicht, zumindest nicht aus Unternehmersicht; aus Sicht eines Finanzhais hingegen schon: *Die Kuh bringt mehr ein, solange sie fett ist.*

Carola und ich tauschten uns aus und suchten nach Lösungen. Diese Situation bot die beste Gelegenheit, gemeinsame Wege zu gehen und das Reisen einzustellen, fanden wir. Es war Zeit, unser Nomadenleben zu beenden und eine Zukunftslösung zu kreieren, die es uns ermöglichte, jeden Tag miteinander zu verbringen. Die gemeinsamen Wochenenden und Urlaube in Lissabon, am Gardasee, auf Sizilien, Sardinien oder den tollen Nordseeinseln Amrum und Langeoog waren zwar immer super, aber auf Dauer zu wenig für uns. Wir diskutierten uns die Köpfe heiß, bis wir nach etlichen Wochen des Suchens und Abwägens eine Marschroute vereinbarten, wo es für uns hingehen sollte: Die erste Priorität war Berlin, dort war unser Lebensmittelpunkt. Die zweite Priorität war Meer oder Berge, Hamburg oder Bayern. Hamburg ist eine wunderbare Stadt, die mochten wir beide, in Bayern wiederum könnte ich an alte Zeiten anknüpfen, hatte noch viele Bekannte in der Region. Zudem lebt Carolas Onkel dort, zu dem sie einen tollen Draht hat. Carola war Grundschullehrerin und würde aufgrund des landesweiten Lehrermangels problemlos eine Stelle finden, wie wir herausgefunden hatten. Ich streute zu der Zeit diskret meinen beruflichen Abkehrwillen im Markt, legte Fährten zu Headhuntern und wartete geduldig, bis sich etwas tat. Eile hatten wir nicht, ich war vertraglich langfristig an meinen Arbeitgeber gebunden.

In Berlin tat sich zu unserem Ärger für mich nichts. Hier ruhte der See so still wie ein kleiner Dorftümpel. Angeboten aus Hamburg mangelte es in meinen Augen an Attraktivität. In Bayern ging hingegen für mich die Post ab – schon wieder. Sollte sich etwa an meiner Einschätzung bezüglich guten Personals aus meiner Durchstartzeit nichts geändert haben? Es war so, definitiv! Das Feedback war überwältigend und wir beschlossen, nach Bayern zu ziehen. Carola jodelte fortan immer so niedlich schräg wie eine krächzende Krähe. Ich versprach ihr eigentlich mehr scherzhaft, ihr einen Jodelkurs und ein Dirndl zu finanzieren, sobald sie nachkäme. Sie willigte ein und war fest entschlossen, einen Jodelkurs zu absolvieren – oder veralberte sie mich nur? Ich weiß es bis heute nicht. Sie war jedenfalls voller positiver Emotionen. Wir hatten echt Spaß an der Sache und mächtige Vorfreude auf unsere gemeinsame Zeit. Carola machte eine Liste mit Orten, Wanderwegen, Museen, Konzerthallen, Städten, Restaurants und Kneipen, die »wir uns sofort anschauen müssen«, wie sie euphorisch einforderte. Ich musste lachen und freute mich über ihre Begeisterung. Ich mag es, wenn sie unsere Aktivitäten plant und voll darin aufgeht.

Ich entschloss mich aus gutem Grund, ein Familienunternehmen in Augsburg, mit Niederlassungen in München und Nürnberg zu wählen. Wir suchten für uns eine tragfähige, vor allem langfristige Lösung und diese erschien uns in einem Familienunternehmen, das laut dem Inhaber Karl Huber auf der Erfolgsspur war, am besten erreichbar. Karl Huber vermittelte mir den Eindruck eines bodenständigen Unternehmers. Mein Nomadenleben musste beendet werden, das war beschlossene Sache.

Ich wurde Abteilungsleiter in einem Handelsunternehmen. Mein Kompetenzspielraum reduzierte sich zwar im Gegensatz zu meinen Vorunternehmen, aber das war andererseits für mich nicht mehr so bedeutend, weil ich endlich mit Carola ein gemeinsames Familienleben führen konnte: Im Job einen Schritt zurück, mit Carola einen Schritt vor, so war es das Beste, fand ich. Das Gehalt stimmte, der Firmenwagen auch.

Das Unternehmen befand sich nordwestlich von Augsburg in einem kleinen Dorf; es gab immerhin einen Bahnhof. Aus meinem Büro blickte ich auf eine saftige grüne Wiese mit Kühen. »Auch schön und so inspirierend«, sagte ich mir am ersten Tag. Ein derartiger Ausblick war mir neu.

Ich bezog ein komfortables Apartment in der Augsburger Innenstadt mit genügend Raum für Carola und mich. Ich brauchte nur meine Kleidung in den Schrank hängen, das Bett beziehen und mein Waschzeug im Bad platzieren. Es war voll ausgestattet und genau richtig für einen Wochenendheimfahrer, der nicht in einen Zweitwohnsitz investieren wollte. In Augsburg gab es eine Vielzahl dieser Apartments, hier brummte die Wirtschaft. Internationale Fach- und Führungskräfte wurden von Arbeitgebern wie *Kuka* auf Zeit angeworben und die suchten alle eine kleine Wohnung. – Wer will schon gerne für längere Zeit im Hotel wohnen?

Carola und ich beschlossen, eine Einarbeitungsphase von einem Jahr abzuwarten, bevor sie nachkommen würde. Mit dem ICE dauerte die Fahrt von Augsburg nach Berlin viereinhalb Stunden, das war noch okay. Wir wechselten uns ab: Ich reiste Freitagsmittags nach Berlin, Carola kam meistens schon donnerstags nach Augsburg. Die Stadt gefiel ihr auf Anhieb, besonders die schönen kleinen verwinkelten Gässchen in der Altstadt. Es gab Museen und Ausstellungen, ein tolles Theater, schicke Restaurants, urige Gasthöfe, volle Biergärten. Um die

Ecke unseres Apartments war eine schöne Joggingstrecke, das Umland erkundeten wir mit Fahrrädern.

Ich kannte Augsburg aus meiner früheren Bayernzeit und musste mich nicht groß eingewöhnen. Carola schon; sie wunderte sich, wenn die Menschen sie grüßten; die bayerischen Schwaben dort sind sehr freundlich, im Gegensatz zu den rotzigen Berlinern.

Dass diese Entscheidung meinen Untergang einleitete, ahnten weder Carola noch ich. Es fing doch alles so vielversprechend an …

Kapitel 3 – Eiskalt erwischt

In meinem Apartment angekommen, verstand ich die Welt nicht mehr: Was hatte ich verbrochen, dass man mich so demütigte?

Das Thermometer war auf 40 Grad geklettert und es war brütend heiß in Augsburg, mir war trotzdem eiskalt – wie bei einer Wanderung im Schneesturm. Mir zitterten die Hände.

Während meiner ganzen beruflichen Karriere hatte es nie Anlass zu Kritik gegeben. Ich verhielt mich stets vorbildlich, produzierte gute Ergebnisse, engagierte mich hundertprozentig für meine Aufgaben und Unternehmen, behandelte Menschen immer tadellos. Nie wurde ich wegen meines Verhaltens, meiner Leistung oder meiner Zuverlässigkeit kritisiert. Nicht ein einziges Mal! Ich war durch Carsten Otterpohl geprägt, der mir die Grundsätze eines sauberen Managements vorgelebt hatte und an dessen Integrität, Loyalität und Zuverlässigkeit ich mich orientierte. Ich hatte alles Menschenmögliche getan, eine Toppführungskraft zu sein, mich fachlich und methodisch weitergebildet.

Mein Kopf drohte zu explodieren; er dröhnte, als schlüge ein verdammter Kobold mit einem Holzhammer gegen meine Schläfen. Meine Gedanken rasten und ich versuchte herauszufinden, was ich falsch gemacht haben könnte …

Schon der gestrige Montag war alles andere als normal verlaufen; ich hatte, anders als üblich, erst am Morgen mein Diensthandy eingeschaltet, weil wir am Samstag zuvor von der Hochzeitsreise zurückgekommen waren. Der Sonntag zählte noch als Urlaub, hatte ich beschlossen. Carola musste am Nachmittag weiter nach Berlin reisen. Zwischen Carola und mir bestand die Übereinkunft, im Urlaub nicht zu arbeiten – auch zwischen Karl Huber und mir! Es war sogar von Karl Huber ausdrücklich erwünscht, sogar angeordnet, in diesem Urlaub auszuspannen und nicht zu arbeiten: »Es ist schließlich Ihre Hochzeitsreise«, hatte er gönnerhaft vor meinem Urlaubsantritt erklärt.

Während ich an diesem Montagmorgen frühstückte, überflog ich grob meine E-Mails. Eine Nachricht fiel mir besonders auf: Ein Meeting um acht Uhr mit Greta Vogl. – Personalangelegenheiten gleich nach dem Urlaub? Und gleich morgens? Was könnte das sein? Aber dann dachte ich, dass es sicher nur um die Tariferhöhungen meiner Abteilung ging, die standen noch aus. Allerdings sollten die während meiner Abwesenheit von Amihan Gellela, meiner Stellvertreterin abgearbeitet werden. Ich hatte ihr vor meinem Urlaub eine Matrix und Argumentationen für Geschäftsführung und Betriebsrat erstellt, wer warum in welcher Höhe von der Erhöhung in meiner Abteilung profitieren sollte. Es gab Entscheidungsspielraum, der zu füllen war.

Pünktlich wie immer saß ich dann um halb acht in meinem Büro und überflog kurz die Post – es gab tatsächlich noch Kollegen im Unternehmen, die im Jahre 2018 papierhafte Kommunikation favorisierten. Dann ging ich direkt zu Greta Vogl. Wir verstanden uns gut, waren hierarchisch auf einer Ebene. Sie war damals die treibende Kraft bei meiner Einstellung und wir arbeiteten eng zusammen. Sie war klein, zierlich, 63 Jahre alt und hatte nur noch ein Jahr bis zur Rente. Sie arbeitete lediglich drei Tage pro Woche, war also bereits in Altersteilzeit, hielt das Zepter der Personalleitung aber trotzdem noch fest in der Hand, obwohl es eine Nachfolgerin gab, die sie bereits einarbeitete. Ich dachte damals, sie sei eine patente Person, klar in der Ansprache, trotzdem ruhig und gelassen, mit einer gepflegten wohldosierten Ausdrucksweise. Mir gefiel das, so war ich auch.

Während des Gesprächs – wir leiteten es mit einem Small Talk über meine Urlaubserlebnisse ein – merkte ich, dass sie um etwas herumdruckste. Wir kannten uns mittlerweile gut, konnten uns prima einschätzen. Ich fragte sie: »Na, Frau Vogl, was haben Sie denn auf dem Herzen?«

»Ich habe eine schlechte Nachricht für Sie«, sagte sie darauf. »Mir ist das äußerst unangenehm.« Sie blickte verlegen auf ihre Unterlagen.

»Was denn?«, meinte ich entspannt.

»Das ist echt scheiße.«

»Na, na, na ... so kenne ich Sie ja gar nicht. Was ist denn so schlimm? Was veranlasst Sie, sich in den Fäkalmodus zu begeben?«, neckte ich sie grinsend.

Greta Vogl wand sich etwas. »Ich soll ihnen einen Aufhebungsvertrag anbieten, Sie können bis zum Ende der Vertragslaufzeit zu Hause bleiben, wenn Sie wollen. Sie können sofort gehen ...«

»Was? Was soll das? Ich komme aus dem Urlaub und dann so was?« Ich behielt die Fassung, obwohl es in mir brodelte. »Woher kommt das?«, fragte ich sie, jetzt energischer. »Was habe ich verbrochen?«

»Er da unten will das so.« Gemeint war Karl Huber, der ein Büro in der unteren Etage am Ende des langen Flures belegte. »Er will nicht mehr mit Ihnen zusammenarbeiten. Ich habe keine Ahnung, warum. Mir ist das ein Rätsel. Ich habe letzten Freitag von ihm den Auftrag erhalten, mit Ihnen zu sprechen und Ihnen dieses Angebot zu unterbreiten. Ich wollte wissen warum, er sagte aber nichts.«

Ich straffte mich und gewann meine Fassung zurück. »Okay, dann soll er da unten den Mut aufbringen und mit mir persönlich sprechen. Er ist mein direkter Vorgesetzter. Ich möchte die Gründe wissen, warum er das macht. So was habe ich noch nie erlebt. Ich habe gegen keine Regeln verstoßen und das Unternehmen aus dem Dreck gezogen! Was ist das? Ein bayerisches Theaterstück der besonderen Art?«

»Ich weiß das doch. Ich kann wirklich nichts sagen, mir ist das ebenso ein Rätsel.«

»Einem Aufhebungsvertrag stimme ich nicht zu!«, sagte ich entschlossen. »Er soll mit mir persönlich sprechen. Eine andere Möglichkeit sehe ich nicht.«

Dann rauschte ich ab, die Treppe runter und über den Flur in mein Büro. Die Tür schloss ich energisch, nachdem ich das Schild *Besprechung* angebracht hatte.

Endlich allein rang ich erneut um Fassung, beruhigte mich aber schnell wieder. Ich war ein Kopfmensch, ließ mich nicht von Emotionen leiten. Ich hatte schon eine Menge Stresssituationen erfolgreich bewältigt und überlegte nun erst mal, was ich tun konnte. Nach kurzem Nachdenken entschloss ich mich, mich sofort auf das Gespräch mit Karl Huber vorzubereiten, das ich für unausweichlich hielt. Ich wollte mich wappnen.

Ein kurzer Blick in den Outlook-Kalender verriet mir, welche Meetings heute anstanden. Ich sagte alle Termine ab, außer den mit Amihan Gellela: Direkt nach unseren Urlauben trafen wir uns jeweils um 14.00 Uhr, um uns über die Ereignisse während der Abwesenheit upzudaten. Meine Kennzahlen hatte ich immer parat – ein wichtiger Aspekt, den ich von Carsten Otterpohl lernte: »Ihre Kennzahlen sind Ihr Gebetsbuch, wie bei einem streng Gläubigen. Die müssen Sie Tag und Nacht runterbeten können. Und zwar aktuelle. Es schützt Sie vor Angriffen anderer und versetzt Sie in die Lage, starke Argumente vortragen zu können«, hatte er mir eingebläut.

Also zog ich meine Kennzahlen – und die waren herausragend! Da waren sie, meine starken Argumente: Die Entwicklung meiner Abteilung hob sich von der anderer Bereiche deutlich ab und all die erfolgreichen Projekte, die ich darüber hinaus stemmte, konnten sich ebenfalls sehen lassen. Ich resümierte noch mal die vergangenen zweieinhalb Jahre …

***

Bei meinen Einstellungsgesprächen mit Greta Vogl und Karl Huber wurde mir das Bild eines florierenden Unternehmens gezeichnet; ein *Hidden Champion*, wie Unternehmen bezeichnet werden, die unter dem Radar der Öffentlichkeit in ihrer Nische Marktführer sind. Meine Recherchen über das Unternehmen ließen zumindest nicht das Gegenteil vermuten: Im Bundesanzeiger, wo Jahresabschlüsse veröffentlicht werden, war das Unternehmen nicht gelistet, weil es sich frisch nach einem Kartellverfahren konsolidierte und aus drei Unternehmen eines einzigen Familienzweigs aus Augsburg, Nürnberg und München neu aufstellte. Karl Huber besaß 80 Prozent an der Firma und agierte als geschäftsführender Gesellschafter.

Vierteljährlich trafen sich unter der Leitung von Karl Huber die Führungskräfte zu einem *Jour fixe*, um über aktuelle Entwicklungen zu diskutieren. Die Kollegen kannten sich lange und gut, waren stets bester Laune, plauderten gelöst, machten Scherze; es gab leckeres Essen wie Garnelenschwänze und flambierte Entenbrust, geliefert von einem Gourmetrestaurant. *Wow*, dachte ich, *heile Welt. Alles in bester Ordnung. Gute Wahl.* Ich war ja erst vier Wochen im Unternehmen. Die Unternehmenskennzahlen waren anders als die Speisen jedoch recht unappetitlich. Ich traute meinen Augen nicht, als Karl Huber die Zahlen präsentierte: Die Gesellschaft war faktisch pleite, das Betriebsergebnis besorgniserregend negativ. Der Cashflow, mittels dem auch Lieferantenrechnungen beglichen wurden, war im knallroten Bereich. Der Qualitätsleiter knallte einen Bericht mit Kundenbeschwerden an die Wand: Jeder zweite Kunde reklamierte Lieferungen; entweder waren sie nicht pünktlich oder die Produktqualität stimmte nicht. Oft sogar beides. Etliche Kunden waren mittlerweile abgesprungen. Das Unternehmen hielt sich nur noch mit Finanzspritzen von Karl Huber über Wasser, aus dem Vermögen, das ihm sein Vater vererbte und das aus besseren Zeiten stammte. Doch nach kurzem Schweigen löste sich die Stimmung der Kollegen und sie scherzten wieder. *Wo bin ich denn hier gelandet?*, fragte ich mich. War ich einem Betrüger aufgesessen?

Aus dem Augenwinkel sah ich Greta Vogl. Sie saß mir schräg gegenüber, beobachtete mich. Wir hatten dann längeren Blickkontakt. Sie nahm ihr Smartphone und tippte etwas ein, mein Smartphone vibrierte daraufhin: *Hallo Herr von Thaysens. Ich denke, es gibt bei Ihnen Erklärungsbedarf. Kann ich heute um 14.00 Uhr zu Ihnen kommen?* Ich schrieb nur *Ja*.

Pünktlich um 14.00 Uhr stand Greta Vogl dann in meinem Büro. Ihre Assistentin war auch dabei, trug einen 30 Zentimeter hohen Papierstapel und lud ihn auf meinem Besprechungstisch ab. Dann ging sie wieder.

Greta Vogl setzte sich mir gegenüber, wir schauten uns bestimmt eine Minute wortlos an. Dann sprudelte es aus ihr heraus: »Jetzt wissen Sie, warum wir Sie unbedingt haben wollten. Hier ist keiner in der Lage, die beschissene Situation in den Griff zu bekommen. Hier sind alle in einer Komfortzone. Ich wollte, dass Sie das zunächst selbst sehen. Ich habe jeden Tag auf Karl Huber eingeredet, bis er sich entschlossen hat, einen Manager von außen einzustellen, der das Unternehmen auf Kurs bringt. Wir, Karl Huber und ich, sind von Ihnen absolut überzeugt. Wir bitten Sie, sich der Sache anzunehmen!«

Ich lehnte mich tief in meinen Bürosessel zurück, hörte Greta Vogl geduldig zu, als sie mir eineinhalb Stunden lang alle Hintergründe erklärte, dabei ständig in dem Papierstapel wühlte, um mir ihre Punkte zu verdeutlichen, warum das Unternehmen, immerhin mit hundertfünfzigjähriger Familientradition, so schlecht dastand.

Ich antwortete schließlich: »Sicher kann ich das. Ich traue es mir auch zu, das ist ja kein Hexenwerk. Die Unternehmensgröße ist überschaubar, der Markt und die Produkte haben Potenzial. Darum geht es mir aber nicht!«

»Ich weiß«, antwortete sie prompt. »Sie hätten Ehrlichkeit erwartet.«

»Das ist der springende Punkt«, bestätigte ich. Dann fragte ich sie, wann Karl Huber mit mir reden wollte. Ich hielt ein klärendes Gespräch für angebracht.

»Er kommt gleich«, sagte sie und sah dabei ungeduldig zur Tür. Sie hatte ihn wohl früher erwartet.

Wir tranken einen Kaffee zusammen, plauderten. Sie erzählte mir, dass sie ursprünglich auch aus Nordrhein-Westfalen käme und in Köln Betriebswirtschaftslehre studiert hätte.

Dann betrat Karl Huber mein Büro. Ich hielt eine Erklärung von ihm für angemessen, immerhin hatte er während meiner Einstellungsgespräche nicht die Wahrheit gesagt. – Aber es kam nichts von Karl Huber! Er setzte sich und witzelte herum, als ob alles gut sei. Er erzählte irgendeinen irrelevanten Quatsch über eine Verladung an der Rampe, faselte von neuen Transportern, Gabelstaplern, Lagermitarbeitern. Kurzum: Er hatte ganz offensichtlich nicht die

Lage seines Unternehmens verstanden oder er litt an Realitätsverlust.

Karl Huber war kein Manager, wie ich sie kannte, er war vielmehr ein Prolet, Schaumschläger und Sprücheklopfer ohne Stil und Anstand. Wenn er vorfuhr, hörte man ihn schon von Weitem: Er steuerte einen mächtigen Sportwagen, der so laut röhrte, wie ein ganzes Hirschrudel während der Brunftzeit. Auch seine *Harley Davidson* hatte er aufgemotzt. Anstatt sich intensiv um die strategische Entwicklung seiner Firma zu kümmern, fuhr er lieber Lkw, arbeitete im Lager, bewegte mit Gabelstaplern Güter oder führte Handlangertätigkeiten aus. Er echauffierte sich über die Kleidung der Frauen im Unternehmen, kleidete sich aber selbst wie ein Trachtenkasper. Er witzelte lauthals über das Aussehen der Kolleginnen – baggerte sie jedoch an, wie ein in die Jahre gekommener Dandy. Er kümmerte sich um die kleinen Dinge im Unternehmen wie Feuerlöscherprüfungen, obwohl es für alle Bereiche kompetente Mitarbeiter und Führungskräfte gab. Die hatten sich jedoch mit der Art und der Situation arrangiert. Morgens absolvierte Karl Huber seine sogenannte *Hofrunde*: Er klapperte das gesamte Firmengelände nach Defiziten ab. Fand er welche, beorderte er die Mitarbeiter zu sich und faltete sie auf unschöne Art zusammen. Er war ein Mensch, der seine Mitarbeiter ständig reinlegen wollte. Vor anderen. Er tauchte zum

Beispiel jeden Morgen im Büro der Führungskräfte auf, um über andere herzuziehen. Seine Entscheidungen hatten nur eine Haltbarkeit von wenigen Stunden. Ein Mal schmiss er eine Führungskraft raus, um die Kündigung wenige Stunden später wieder zurückzuziehen. Er war unberechenbar. Karl Huber war für mich eine einzige Zumutung. Greta Vogl sagte dazu mal: »Kleine Geister kümmern sich um kleine Dinge, große Geister um große Dinge.« Damit brachte sie die Sache auf den Punkt.

Neben meiner Aufgabe als Abteilungsleiter übernahm ich die Leitung der Unternehmensstrategie. Meine Abteilung führte ich direkt, für die anderen Abteilungen fungierte ich als Berater. Das kannte ich bestens, war darin geschult. Ich erarbeitete mit Unterstützung von Greta Vogl ein Strategiepapier, von dem aus alle weiteren Maßnahmen abzuleiten waren. Wir setzten Projekte auf wie die Verbesserung der Kundenzufriedenheit und Lieferqualität, Entwicklung eines Produktportfolios und Optimierung der Produktqualität, formierten den Vertrieb neu und kundennäher, implementierten ein schlüssiges Prozess- und Qualitätsmanagement, trimmten den Einkauf auf knallhartes Kostenmanagement, reduzierten die Zahlungseingänge unserer Kunden von 91 auf 22 Tage, bauten ein Personalentwicklungskonzept auf und setzten es um. Ich akquirierte Subventionen für die Digitalisierung.

In meiner Abteilung baute ich ein Lean-Management- und Serviceteam auf. Die Führungskräfte zogen mit, hatten Spaß an den Veränderungen und Entwicklungen. Sie sahen, dass die Arbeit sich lohnte. Wir machten die Erfolge für die Mitarbeiter sichtbar, erzeugten Aufbruchstimmung im Unternehmen. Innerhalb von zwei Jahren waren wir in der Gewinnzone. Nicht riesig, aber vorzeigbar. Der Cashflow war positiv. Für meine Abteilung stellte ich Amihan Gellela zu meiner Entlastung ein. Ich konzentrierte mich voll auf die Aufgabe und bildete mit Greta Vogl ein eingespieltes Team. Karl Huber war begeistert und hielt sich bis auf wenige Ausnahmen aus allem raus.

***

Ja, ich hatte alle Daten und Fakten parat: Wo das Unternehmen bei meiner Einstellung stand, wie erfolgreich die Projekte waren und wo das Unternehmen jetzt stand.

Wenig später rief mich Greta Vogl an. Sie entschuldigte sich erneut und teilte mir mit, ich könne in fünfzehn Minuten, um 11.00 Uhr, zu Karl Huber ins Büro kommen. Sie sei auch dabei.

Ich stellte mich mental auf die Situation ein und beruhigte mich mit gezielter Atemtechnik. Stichhaltige Argumente hatte ich genug.

Ich ging dann zu Karl Huber ins Büro und setzte mich auf den mir zugewiesen Platz. Vor mir lag der Aufhebungsvertrag. Ich legte meine Unterlagen drauf, so sah ich ihn nicht und konnte mich auf mein Gebetsbuch und Karl Huber konzentrieren.

Er polterte mich sofort an: »Sie wollen mit mir sprechen? Dann legen Sie los!«

»Frau Vogl hat mich heute über einen Sachverhalt informiert. Ich gehe von einem Missverständnis aus.«

»Sehe ich aus, als ob man mich missverstehen kann?«, blaffte er.

»Dass behaupte ich nicht«, sagte ich ruhig.

Er schnaubte: »Es ist alles gesagt!«

»Nein, nicht alles. Sie wollen mich loswerden? Dann will ich wissen warum. Was habe ich mir zuschulden kommen lassen?«

»Einiges.«

»Nichts«, widersprach ich und sah ihm fest in die Augen. Dann rasselte ich einige meiner Erfolge runter.

Karl Huber wurde knallrot vor Aufregung und begann zu schwitzen. »Ich habe mich entschieden, mich von Ihnen zu trennen. Erfolge hin oder her. Es ist meine Entscheidung. Mein Unternehmen. Ihre Zeit hier ist jetzt abgelaufen. Überlegen Sie gut, was Sie tun. Ich kann auch anders. Sie haben eine Woche Zeit. Ende. Aus. Servus.«

Er stand auf, schnappte sich seine Tasche, seinen Autoschlüssel und stampfte wütend aus dem Büro. Kurze Zeit später hörten Greta Vogl und ich, als er mit quietschenden Reifen vom Hof preschte.

Im Anschluss fuhr ich mit einem Kollegen ins nahe gelegene Bistro zum Essen. Die halbe Firma war da.

»Hallo Benjamin …« – »Servus Herr von Thaysens. Schönen Urlaub gehabt?«, prasselte es auf mich ein. Nichts deutete darauf hin, dass etwas im Busch war.

So viele Menschen können sich nicht verstellen, dachte ich. Auch das Gespräch mit dem Vertriebsleiter war normal. Wir aßen Käsespätzle und unterhielten uns über meinen Urlaub. Er berichtete mir über mehr oder minder wichtige Ereignisse, die sich während meiner Abwesenheit zugetragen hatten. Wir fuhren dann zurück in die Firma und ich bearbeitete bis 14.00 Uhr E-Mails und Papierpost. Dann sollte Amihan Gellela zu mir kommen.

Aber sie kam nicht. Ich wartete bis 14.30 Uhr und rief sie dann an.

»Haben wir einen Termin?«

»Ja«, antwortete ich. Sie wusste, welchen Wert ich auf Zuverlässigkeit legte.

»Habe ich nicht im Kalender«, meinte sie frech.

Ich überprüfte die E-Mails und entgegnete: »Hast du vor vier Wochen bekommen und direkt bestätigt.«

»Bei mir ist nichts drin!«

»Dann komm bitte unvorbereitet zu mir«, wies ich sie an.

»Nee, heute nicht mehr. Keine Zeit. Vielleicht morgen oder übermorgen. Ich muss mal schauen.«

Ich war perplex. »Ich stelle dir für morgen einen Termin ein«, entgegnete ich trotzdem gefasst. »Den aber bitte einhalten«, wies ich sie erneut an.

Sie darauf gleichgültig: »Mal sehen.«

Ich verabschiedete mich freundlich und legte auf. *Was ist hier los?*, fragte ich mich. *Was läuft hier ab?*

***

Als meine Strategieplanung immer mehr Zeit in Anspruch genommen hatte und mir nicht genug Kapazität für die Führung meiner Abteilung blieb, vereinbarte ich mit Greta Vogl, eine zusätzliche Kraft einzustellen, die mich entlasten sollte, insbesondere bei der Bewältigung operativer Aufgaben. Jemand, der das Tagesgeschäft beherrscht und geschickt abwickelt, sollte es sein.

Greta Vogl und ich besaßen gemeinsam die Kompetenz, Einstellungen vorzunehmen. Wir schrieben die Stelle aus und warteten Bewerbungen ab. Ich benötigte eine Person, die in der

Lage war, selbstständige Entscheidungen zu treffen, nicht wegen jeder Kleinigkeit zu mir käme und um Erlaubnis bitten würde. Neben persönlicher und fachlicher Qualifikation waren mir Führungskompetenzen besonders wichtig. Wenn diese Aspekte erfüllt wären, stünde einer Einstellung als Abteilungsstellvertretung nichts im Wege.

Ich sah während meiner Karriere etliche Führungskräfte, die nach dem Peter-Prinzip befördert wurden und jämmerlich scheiterten, damit die ganze Organisation lähmten. Das durfte mir hier auf keinen Fall passieren, denn ich hatte gerade Aufbruchstimmung im Unternehmen erzeugt. Die Person, die ich suchte, brauchte unbedingt Führungskompetenzen, würde von mir einen klar definierten Aufgabenbereich erhalten und mit den nötigen Kompetenzen ausgestattet.

Aber der Markt in Bayern war leer gefegt, keine auch nur annähernd entwickelte Persönlichkeit ließ sich finden. Wir schalteten Personalberater ein, bekamen jedoch nur schlechte Vorschläge. *Nicht mal die Besten der Schlechten*, wie ich scherzhaft zu Greta Vogl sagte, bewarben sich.

Eine Bewerbung war mir und Greta Vogl dann doch aufgefallen, die wir zunächst auf *on hold* setzten, also in die Warteschleife: die von Amihan Gellela. Sie war Anfang 30, hatte einen kaufmännischen Berufsabschluss, einiges an Berufserfahrung vorzuweisen, jedoch keine Führungserfahrung. Wir luden sie zum Vorstellungsgespräch ein und grillten sie nach allen Regeln der Kunst, um ihre Stressresistenz zu prüfen. Sie war gut, behielt die Ruhe, stellte Sachverhalte präzise und zielgerichtet dar. Sie hatte Ehrgeiz und Ambitionen. Das gefiel mir. Ich sah Parallelen zu meiner Entwicklung. Greta Vogl und ich beschlossen, eine Nacht darüber zu schlafen, um uns am nächsten Tag über das Gespräch mit Amihan Gellela abzustimmen.

Ich war hin und her gerissen: Auf der einen Seite die Ambitionen, auf der anderen Seite die fehlende Führungskompetenz. Greta Vogl und ich diskutierten uns zwei Stunden lang die Köpfe heiß. Schließlich traf ich eine Entscheidung: Ich stellte Amihan Gellela als Sachbearbeiterin mit besonderen Aufgaben ein und erarbeitete für sie einen Entwicklungsplan, der ins Konzept unserer neu kreierten Personalentwicklungsstrategie passte.

Sie musste in den ersten neun Monaten Führungscoachings absolvieren, zusätzlich Fachseminare. Nach der Beurteilung des Führungscoaches und der Benotung der Fachseminare wollte ich entscheiden, ob sie für eine Führungslaufbahn geeignet war. Ich war in meiner Karriere ein Chancengeber, war ja schließlich auch ein Emporkömmling, der besonders in Carsten Otterpohl einen perfekten Mentor hatte. Ich entwickelte bereits selber eine Vielzahl von Mitarbeitern, warum nicht auch Amihan Gellela? Sie stellte sich während des Vorstellungsgesprächs als Mutter von drei Kindern vor, hätte daheim einen Sohn und zwei jüngere Zwillinge, wäre in einer gefestigten Ehe mit einem Partner, der ihr den Rücken freihielt. Sie sei in Berlin geboren, ihre Mutter stamme aus Südostasien, wohne aber noch in Berlin. Sie war klein, mit einer kakaofarbenen Haut und Mandelaugen, zierlich und extrovertiert mit einem Hang zur frechen Klappe, wie ich fand. Sie kleidete sich wie eine Bankkauffrau, immer akkurat in Hosenanzug, mit passender Bluse und Pumps. So was trug sonst keine Mitarbeiterin in der Firma, die meisten Kolleginnen bevorzugten einen legeren Stil.

Die neun Monate überstand sie recht ordentlich, die Fachseminare absolvierte sie mit einer Drei. Der Führungscoach bewerte sie mit der Empfehlung *geeignet*. Ich hatte mir mehr erhofft, es konnte jedoch nicht jeder so ehrgeizig sein wie ich. Sie hatte drei Kinder zu Hause, das musste sich irgendwie auswirken, urteilte ich milde.

Die tägliche Arbeit beherrschte sie wie aus dem Effeff. Sie wurde wie mit mir vereinbart zu meiner Stellvertreterin ernannt, bekam einen eigenen Aufgabenbereich, entsprechende Kompetenzen eingeräumt, die versprochene Gehaltssteigerung und einen Firmenwagen. Sie musste wie ich zwischen den Standorten Augsburg, Nürnberg und München pendeln.

Was ich nicht bemerkte: Sie schlich sich Stück für Stück in mein Leben. Sie hatte es irgendwie geschafft, meine persönliche Firewall zu knacken. Erst brachte sie mir morgens belegte Brötchen mit, dann Mittagessen. Sie nahm sich das heraus, was ich anderen nicht gestattete, saß jeden Morgen in meinem Büro und erzählte mir Dinge aus ihrem Privatleben. Wenn ich in München war, kam sie nach München. War ich in Nürnberg, war sie auch da. Sie erzählte deprimiert, wie sehr sie mittlerweile unter der schlechten Behandlung ihres Ehepartners litt, wie ihre besten Freundinnen sie plötzlich mieden vor Neid, weil sie trotz ihres Migrationshintergrundes Karriere machte. – Ich fiel auf diese Mitleidstour rein. Sie belagerte mich buchstäblich. Ich erzählte ihr, dass Carola noch in Berlin sei, wir ihren Umzug aufgrund der unsicheren Situation im Unternehmen verschoben hatten. Ich bot ihr an, dass wir uns duzen könnten, eigentlich ein No-Go für mich. Sie drang immer weiter vor, wagte sich immer weiter an mich ran, schrieb mir abends ständig WhatsApp-Nachrichten mit eindeutigen Fotos von sich. Dazu jeden Morgen neue Storys, die Mitleid bei mir erzeugten. Mittlerweile war sie eineinhalb Jahre im Unternehmen. Sie kannte keine Grenzen mehr, fragte mich, ob wir nicht gemeinsam Joggen wollten, sie kenne tolle Strecken. Sie könne auch mal bei mir schlafen: »Wir können uns einen schönen DVD-Abend machen und kuscheln«, bot sie sich mir an.

So weit hatte sich bei mir noch niemand vor gewagt. Ich überlegte, wie ich wieder Distanz aufbauen könnte, zumal ihre Geschichten immer verrückter wurden: Mal bat sie um mehr Gehalt, weil sie ihre kranke Mutter in Berlin unterstützen müsse, dann wieder, dass ihre Mutter sie, als sie 18 war, im Drogenrausch fast umgebracht hätte. Jeden Tag setzte sie noch einen drauf. Wollte sie mich in den Wahnsinn treiben oder vertreiben?

Der entscheidende Wendepunkt ereignete sich an einem Freitagabend: Ich traf mich mit Andreas Gmeiner. Er hatte mit mir einst die Logistikweiterbildung absolviert. Wir hörten, als ich aus Bayern wegging, nicht mehr viel voneinander, schrieben uns nur ab und zu eine E-Mail. Wir verstanden uns damals prächtig und knüpften nahtlos an die alten Zeiten an. Andreas ist ein geselliger Typ: leicht korpulent, urig, gemütlich, glücklich verheiratet, zwei kleine Kinder. Wir aßen gemeinsam zu Abend, tranken dabei ein paar Bier und nahmen uns vor, später in eine Cocktailbar in der Maxstraße zu wechseln. Ein anderer Kumpel aus unserer Studienzeit wollte dann dazu stoßen. Wir drei trafen uns öfter, hatten uns eine Menge zu erzählen, lachten viel und genossen diese ausgelassenen Männerabende.

Plötzlich meinte Andreas, er habe gehört, Amihan Gellela arbeite bei mir. »Und, wie macht die sich so?«, wollte er wissen.

»Gut«, erwiderte ich, ohne mir etwas anmerken zu lassen.

»Erstaunlich«, murmelte Andreas.

»Erstaunlich?« Mein Interesse war geweckt.

Er lachte laut: »Da hast du dir den Augsburger Problembär schlechthin ins Haus geholt! Die ist vorher überall im Streit geflüchtet. Ich kenne ihren Freund, ein Geschäftspartner von mir. Ich gehe jedes Jahr mit ihm und anderen Kunden auf den Plärrer. Amihan hat ihn mal abgeholt, ich kenne sie. Ihr Freund hält sie auf Distanz. Vertrau der bloß nicht, die lebt in ihrer eigenen Welt!«

»Freund?«, hakte ich nach.

»Ja, Freund. Wieso? Was hat sie dir denn erzählt?«

»Das bleibt aber unter uns«, sagte ich, »die ist doch verheiratet und hat drei Kinder. Lebt mit ihrem Mann in Stadtbergen. Ihre Mutter wohnt in Berlin, der gehts wohl nicht so gut. Amihan unterstützt sie, hat sie mir erzählt.«

»Häää?«, wunderte sich Andreas. »Quatsch! Die wohnt alleine in Lechhausen. Ihr Freund in Göggingen. Manchmal schläft sie bei ihm. Die drei Kinder sind von zwei anderen Männern. Die Zwillinge leben beim Vater auf Curaçao, von dem sie geschieden ist, der ist Soldat bei den Amis. Der hat ihr das Sorgerecht für die Zwillinge entziehen lassen. Der ältere Sohn lebt in Hessen bei seinem Vater. Da hat sie auch kein Sorgerecht mehr für. Seit Jahren nicht mehr. Die Mutter ist tot, seit sie zwölf ist. Die ist bei ihren Großeltern in Augsburg aufgewachsen. Mit sechzehn ausgezogen. Die ist echt ein Problem, erfindet immer neue Geschichten. Benny! Pass bloß auf!«, mahnte mich Andreas.

Ich war platt. »Hammer! Menschen gibts ...«

Wir trafen uns dann noch mit unserem Kumpel in der Cocktailbar und quatschten noch ein bisschen. Gegen ein Uhr gingen wir nach Hause. Ich fragte Andreas beim Abschied, ob ich Amihan von ihm grüßen könne.

»Klar. Erzähl mir beim nächsten Treffen mal, was sie meint, woher sie mich kennt.« Er zwinkerte mir zu und lachte so herzhaft wie Altkanzler Gerhard Schröder.

In meinem Apartment angekommen, schrieb ich Carola eine Gutenacht-SMS. Das machten wir immer so. Dann legte ich mich ins Bett und schlief sofort ein, benebelt von Bier, Caipi und Mojito.

Am nächsten Morgen, Samstag, fuhr ich zuerst zu *McFIT*, powerte mich auf dem Laufband aus, ruderte eine halbe Stunde und machte Gymnastik. Ich duschte, fuhr ins Apartment zurück und frühstückte. Danach telefonierte ich mit Carola. Ich vermisste sie immer so sehr, wenn wir nicht zusammen waren. Danach ging ich an der Wertach spazieren, besorgte mir einen Kaffee, suchte mir einen freien Platz am Wasser und begann die *Süddeutsche* zu lesen.

Auf ein Mal schoss mir das Gespräch mit Andreas durch den Kopf: Was sollte ich mit diesen

Informationen anfangen? War das ein Risiko für mich? Ich spielte in Gedanken Varianten durch: Die Thematik mit Greta Vogl besprechen? Direkt zu Karl Huber gehen? Amihan zur Rede zu stellen? Es war nicht so, dass ich nicht schon mal Mitarbeiter entlassen musste. Ich trennte mich bisher dreimal von Mitarbeitern, öfter nicht, immer aus Leistungsgründen während der Probezeit. Noch nie verhaltensbedingt. Ich hatte bisher schlicht keine Mitarbeiter, die Anlass dafür boten. Ein bisschen geflunkert hat sicher jeder mal bei einem Vorstellungsgespräch, ich auch, in Vorstellungsgesprächen geht es ja letztlich darum, dem potenziellen Arbeitgeber eine packende Story über sich zu präsentieren. Aber derart massiv? Eine ganze Vita umzudrehen? Nein, das hatte ich noch nicht erlebt. Und diese Nähe, dieses ständige Anbaggern ... Schlagartig wurde mir klar, dass das mehr als aufdringlich war, geradezu widerlich. Ich entschloss mich zu einem anderen Weg, einer Methode, die mir wieder Distanz zu Amihan verschaffen sollte und ihr die Möglichkeit einräumen würde, ihr Gesicht zu wahren und reinen Tisch zu machen. Ich wusste, sie kam Montagmorgen sowieso gleich zu mir.

Ich war am Montag um halb acht in der Firma. Ich ging zuerst ins Personalbüro und holte mir unter einem Vorwand die Personalakte von Amihan, verschwand damit in mein Büro. Ich überprüfte ihre Steuerklasse: eins. Bingo! Wenn sie verheiratet wäre, hätte sie Steuerklasse drei, vier oder fünf haben müssen. Ich hatte das vorher nicht überprüft, warum auch? Das war nicht meine Aufgabe, diese Prüfung hätte Greta Vogl vornehmen müssen, sie leitete schließlich die Personalabteilung und war bei allen Gesprächen mit Amihan dabei gewesen. Andreas Gmeiner hatte also recht. Der Rest ihrer Geschichten war dann wohl auch erfunden.

Amihan kam meistens gegen neun Uhr. Ich ließ meine Bürotür weit auf und wusste, dass sie dieses Zeichen verstehen und nutzen würde. Sie kam auch prompt in mein Büro, lachte mich an, gab mir die Hand, legte mir ein Käsebrötchen auf den Schreibtisch und setzte sich – wie immer, ohne von mir dazu aufgefordert worden zu sein. Sie trug einen beigefarbenen Hosenanzug, ein schwarzes Shirt, dazu schwarze Pumps.

»Ein Wochenende war das«, legte sie gleich los. »Mein Mann hat Party gemacht und ich war die ganze Zeit mit den Kindern allein zu Haus. Der achtet null auf mich. Und? War Carola bei dir?«, fragte sie mich.

»Nein«, meinte ich. »Carola war in Berlin. Ich war allein am Wochenende.«

»Ach schade, hättest ja ruhig mal was sagen können, dann hätten wir gemeinsam was Tolles unternehmen können. Ich kenne ein paar echt schöne Ecken hier«, bedauerte sie.

Jetzt wurde es spannend: »Du, mir war nicht langweilig. Ich war am Wochenende mit Andreas

Gmeiner unterwegs. Ich soll dich von ihm grüßen. Er hat ja oft mit deinem Freund geschäftlich zu tun.«

Peng! Das saß. Sie wurde knallrot. Dann erstarrte ihr Gesicht wie ein Eisblock. Sie stand auf und verließ so schnell wie ein Flüchtender nach einem Bankraub mein Büro. Ich schrieb zu diesem ganzen Thema eine Aktennotiz.

Die Tage danach verliefen ruhig. Sie kam morgens nicht mehr zu mir. – Sie kam überhaupt nicht mehr zu mir. Ich hatte meine Distanz zurück. Von Ehrlichkeit jedoch keine Spur: Sie ignorierte das Thema komplett. *Sie muss vor Überdruck platzen wie ein Luftballon*, dachte ich. Aber auch davon war nichts zu bemerken; sie war ruhig und cool, offensichtlich darin geübt, anderen Menschen erfundene Geschichten aufzutischen.

Ich entschloss mich, ihr eine Frist von acht Werktagen einzuräumen. Sollte sie in dieser Zeit nicht das Gespräch mit mir aufnehmen und eine passende Erklärung präsentieren, würde ich sie zu einem Personalgespräch bitten.

Nichts geschah. Sie ignorierte das Thema weiter. Ihre Arbeitsleistung litt jedoch nicht darunter. Im Gegenteil: Sie gab noch mehr Gas!

Am achten Tag stellte ich ihr einen Termin ein; für den nächsten Tag: Freitagnachmittag, wenn die Kollegen weg waren – ich wollte sie ja nicht vor den anderen vorführen. Das ist nicht meine Art. Die Angelegenheit war ohnehin geschmacklos.

Sie kam also zu mir, klopfte an meine Bürotür. Ich bat sie rein, wies ihr mir gegenüber einen Platz zu. Sie setzte sich.

Ich erörterte ihr die Lage: »Du hast bei deiner Einstellung eine falsche Vita angegeben. Teile deines Lebenslaufs sind gefakt. Was denkst du, wie es hier weitergehen soll?«

»Ich weiß es nicht. Ich habe unendliche Angst, dass du mich jetzt rausschmeißt. Ich weiß, ich habe Scheiße gebaut. Ich entschuldige mich bei dir dafür. Ich werde für dich arbeiten, Tag und Nacht, wenn du es von mir verlangst, aber schmeiß mich nicht raus.« Sie heulte und jammerte: »Ich hatte nie eine wirkliche Chance im Leben. Ich war das erste Mal an einem Punkt, der mir ein besseres Leben eröffnet. Bitte! Bitte! Lass mich nicht fallen! Ich tue alles, um das wieder gutzumachen.«

Ich überlegte kurz: »Okay. Deine privaten Offerten vergessen wir. Darüber, über den gefakten Lebenslauf und die gesamte Situation habe ich eine Aktennotiz angefertigt. Auch, wie ich davon erfahren habe. Es gibt also einen Zeugen. Diese Aktennotiz unterzeichnest du jetzt und ich lege sie ganz hinten in deine Personalakte. Da sieht sie niemand. In Personalakten guckt sowieso anlasslos niemand rein. Eine Kopie davon behalte ich. Eine bekommst du. Damit ist die Sache für mich erledigt. Und du konzentrierst dich auf deine Aufgaben. Da ist Arbeit genug. Und du lässt mich ab jetzt in Ruhe, sonst muss ich Konsequenzen ziehen. Dann kommt auch eine Kündigung in Betracht! Ich beende das Arbeitsverhältnis mit dir beim kleinsten Anlass! Steht alles in der Aktennotiz.«

Sie nickte und willigte wortlos ein, konnte mir nicht in die Augen schauen. Sie heulte und jammerte weiter, unterzeichnete dann aber die Aktennotiz.

Es folgte lange Zeit business as usual. Ich dachte damals: *Menschen machen Fehler. Lernen dazu. Jeder hat eine zweite Chance verdient.* Auf mich konnte man sich verlassen, ich war diskret. Niemand erfuhr von der Sache, innerlich hoffte ich allerdings auf eine baldige Kündigung Amihans. Ich an ihrer Stelle hätte mir etwas Neues gesucht.

Was mir nicht bewusst war: Sie hatte mich ein zweites Mal decodiert. Ich war ihr gegenüber zu gutmütig, viel zu milde. Ich hätte sie feuern müssen, wie mir leider erst später klar wurde. Sie war gerissener, als ich dachte, von nun an verfolgte sie einen anderen Plan.

Ungefähr vier Wochen später rief mich Andreas Gmeiner an: »Und, wie ist es gelaufen? Hast du mit Amihan gesprochen? Ich war gestern auf Kundenbesuch bei ihrem Freund. Der hat mir erzählt, bei Amihan sei alles gut. Der Job gefalle ihr nach wie vor super, es gäbe null Probleme und sie hätte einen tollen Chef, der sie fördert.

Und mit dem Geschäftsführer würde sie sich besonders gut verstehen. Hat sie ihrem Freund erzählt.«

»Was soll sie auch anderes sagen«, meinte ich gelassen. »Ich habe ihr den Kopf gewaschen und ihr Konsequenzen aufgezeigt, falls sie sich noch die geringste Kleinigkeit erlaubt. Ich denke, sie hat es verstanden.«

»Benny, spinnst du? Du hättest sie sofort achtkantig rausschmeißen müssen! Das fällt dir auf die Füße, sag ich dir.«

»Ach, glaub ich nicht. Ich habe hier echt so viele Baustellen, da habe ich keine Zeit, mich mit diesen Kinkerlitzchen zu beschäftigen«, tat ich die Sache genervt ab.

»Sag nachher nicht, ich hätte dich nicht gewarnt. Die ist krank. Was machst du Freitag?«, wechselte Andreas das Thema. »Wollen wir uns treffen?«

»Nee, geht nicht. Ich fahre nach Hause zu Carola. Der darauffolgende Donnerstag passt bei mir aber, kannst du da?«

»Klar, ich reserviere einen Tisch im Ratskeller. Übliche Route? Danach Cocktailbar?«

»Passt. Aber nicht so lange. Die Arbeit.«

»Gut. Servus.« Andreas legte auf.

Die Monate darauf vergingen rasend schnell. Ich hatte Arbeit bis zum Anschlag. Amihan verhielt sich wie gewünscht und managte den operativen Ablauf gut. Ich sah sie nicht mehr häufig, eigentlich nur zu unseren monatlichen Ergebnisbesprechungen. Wichtige Punkte des Tagesgeschäfts stimmten wir telefonisch ab.

Bei den Ergebnisbesprechungen nahmen wir die Abteilungsleistung unter die Lupe, erörterten Schwachstellen und vereinbarten Abstellmaßnahmen mit Terminen, an denen sie mir die Ergebnisse der Maßnahmen zu berichten hatte. Sie berichtete pünktlich und tadellos. Ich fühlte mich darin bestätigt, ihr eine zweite Chance eingeräumt zu haben. Sie hielt Distanz.

Bald stand bei uns die Hochzeitsreise an. Carola wies mich in ihrer wunderbar charmanten Art darauf hin, dass ich an meiner Badehosenfigur arbeiten könne. Ich musste lachen, sie hatte recht: Ich hatte während der harten Zeit in der Firma zugelegt und meine Sportaktivitäten schleifen lassen. *Schluss damit*, beschloss ich spontan.

Meine Sporttasche lag von da an immer gepackt auf dem Rücksitz und ich fuhr dreimal pro Woche direkt nach der Arbeit zu *McFIT*. Würde ich erst nach Hause fahren, um meine Sporttasche zu holen, bekäme ich den Hintern nicht mehr hoch; ich kannte mich.

Nach intensivem Training hatte ich schließlich fast sieben Kilo abgespeckt und meinte, ich könne mir mal wieder was erlauben: An einem Donnerstag beschloss ich, abends zu Carmelo zu gehen. Ich arbeitete bis 18.00 Uhr, fuhr zum

Sport, powerte mich aus, duschte und fuhr nach Hause. Dann ging ich los.

Carmelo betrieb den kleinen Italiener *La Strada*, direkt bei mir um die Ecke. Ein Geheimtipp mit leckeren sizilianischen Köstlichkeiten wie *Arancini*, *Caponata* und *Cannolo con Ricotta*. Ich kannte Carmelo mittlerweile gut, ging häufig zu ihm. Er kam aus Modica auf Sizilien, wo Carola und ich einen unserer wunderschönen Urlaube verbracht hatten. Ich genoss diese Abende, sie waren eine tolle Abwechslung zu meiner stressigen Arbeit. Bei Carmelo konnte ich abschalten. Carola ging auch gerne zu ihm, wenn sie in Augsburg war.

Ich betrat die Trattoria, Carmelo begrüßte mich, als hätten wir uns vor zehn Jahren das letzte Mal gesehen. *So sind sie die Italiener*, dachte ich. *Immer euphorisch.* Ich setzte mich wie immer zuerst an die Theke, um ein wenig mit ihm zu plaudern. Carmelo schenkte mir einen *Vino della Casa* ein, später wollte ich mich an einen Tisch setzen und essen. Ich bestellte selten von der Karte, überließ es lieber Carmelos Kochkünsten, mir etwas leckeres Sizilianisches zuzubereiten.

Dann traf mich fast der Schlag: Gegenüber der Theke in einer kleinen Nische saßen Amihan und Karl Huber, vertraut tuschelnd bei Rotwein und Kerzenschein. Ich sah, wie er ihre Wange streichelte. Was war das? Das konnte doch nicht wahr sein. Mein Puls raste. Mir stockte der Atem, als hätte mir jemand ein Kissen aufs Gesicht gepresst. In Millisekunden schoss mir Andreas Gmeiners Warnung durch den Kopf. Ich schaute noch mal rüber. Amihan sah mich, grinste mich gehässig an und streichelte dabei Karl Hubers Hand.

Ich legte zehn Euro auf die Theke und verließ wie ein angeschossenes Wild die Trattoria. Draußen angekommen, fluchte ich laut: »Fuck! Die hat mich reingelegt.« Ein Mann ging an mir vorbei und fragte mich, ob ich Hilfe brauche. Ich ignorierte ihn und hastete zurück in mein Apartment.

Benny, schalt deine Rübe ein! Bauch ausschalten, Kopf einschalten. Los sofort!, appellierte ich an mich. Ich warf mein blaues Sakko in die Ecke, stürzte zum Kühlschrank, nahm mir eine Flasche *Grillo* und schenkte mir ein. Meine Hände zitterten dabei so heftig, dass ich fast die Hälfte daneben goss. *Was tun?*, fragte ich mich. Ich setzte mich an meinen weißen Esstisch, stellte die Weißweinflasche ab und nahm einen großen Schluck aus dem Glas. *Was hat diese Frau vor? Will sie meinen Job? Ist sie karrieregeil, koste es, was es wolle, unter Einsatz aller schäbigen Methoden? Will sie mich fertigmachen, weil ich sie abblitzen ließ? War sie nur zufällig hier oder hatte sie mich und meinen Stammitaliener ausspioniert?* »Mist!« *In was für einen Scheiß bin ich da nur rein geraten? Warum habe ich nicht Andreas Rat befolgt?* Die Frau war ganz offensichtlich unberechenbar.

Vielleicht sollte ich am Montag das Thema vorsichtig bei Greta Vogel ansprechen? Sie war stets gut informiert. Ich hatte ja immerhin noch die Aktennotiz. Ich hielt Greta Vogl damals für objektiv und meine Verbündete. Wir hatten gemeinsam das Unternehmen neu aufgestellt, es wieder auf die Erfolgsspur gebracht. Dabei hatten wir zusammen eine Menge durchgemacht. *So mache ich es: Ich teste das Thema gleich am Montag vorsichtig bei Greta Vogel an.*

Nach und nach beruhigte ich mich. Ich schaute die *Tagesthemen* und trank dazu noch ein Glas *Grillo*. Ich rief Carola an, um ihr eine gute Nacht zu wünschen, und ging ins Bett.

Freitags war ich immer in Nürnberg, wenn ich mit dem Auto nach Berlin weiterfuhr. Da ruhte der See still.

Am Montag hatte ich dann zwei Meetings im Vertrieb, danach stand eine Besprechung mit Greta Vogl an: Wir mussten zwei Projektpläne überarbeiten und planten dafür eine Stunde ein. Auf dem Weg zu ihr ging ich bei Karl Huber vorbei, er wollte eine kurze Information von mir. »Nichts Großes«, hatte er morgens am Telefon gesagt, »nur eine kurze Info über einen Kunden.« Seine Bürotür war geschlossen. Seine Sekretärin informierte mich, dass er in einer Besprechung mit Amihan Gellela sei und ich später kommen solle. – Das Amihan bei ihm war, hatte ich mir schon gedacht.

Bei Greta Vogl angekommen, bekam ich von ihr erst mal einen Kaffee. Ich beschloss, die Situation um Karl Huber und Amihan sofort anzusprechen: »Ich war gerade bei Karl Huber, er wollte eine wichtige Info von mir, die eilig sei, wie er am Telefon gesagt hatte. Er war aber in einer Besprechung. Wissen Sie, wie lange die Besprechung geht?«

»Nein«, antwortete Greta Vogl. »Amihan Gellela ist bei ihm.«

»Amihan?«, fragte ich gespielt erstaunt. »Geht da was an mir vorbei? Wir hatten doch im Rahmen der Führungskräfteschulung klare Berichtswege festgelegt.«

Greta Vogl schmunzelte und lehnte sich weit in ihren Stuhl zurück. Sie ahnte, worauf ich hinaus wollte. Sie war erfahren. Ein Fuchs. »Mein lieber Herr von Thaysens, lieber Benjamin, haben Sie noch immer nicht Karl Huber durchschaut? Wie der tickt?«

»Über weite Strecken schon«, antwortete ich. »Wir beiden haben schließlich genug darüber philosophiert. Die Sache mit den kleinen Geistern …«

»Das meine ich nicht«, grinste sie schelmisch: »Ich arbeite jetzt fünfzehn Jahre mit dem zusammen, auch schon im Vorunternehmen. Der stellt jedem Weiberrock nach. – Mir Gott sei Dank nicht, ich bin zu alt für ihn. Was glauben Sie denn, was hier schon los war? Personalabteilung, Buchhaltung, Vertrieb, Einkauf …

Der hat alle Frauen angemacht. Meistens ohne Erfolg, glaube ich. Vorletzten Monat hat er mit der Tochter vom Autohaus Abinger rumgeschnackselt und jetzt vielleicht mit Amihan Gellela. Und danach …? Wer weiß.«

»Kennen Sie Amihan Gellela?«, fragte ich.

»Wenn Sie auf Ihre Aktennotiz anspielen, die habe ich gelesen. Eine Mitarbeiterin hat sie mir vor ungefähr sechs Wochen gezeigt. Unangenehme Angelegenheit. Die Notiz ist übrigens verschwunden. Ist uns aufgefallen, als wir neulich die Personalvorgänge digitalisiert haben.«

»Und? Unternehmen Sie was?«

»Ach Quatsch. Ich habe nicht mehr lange bis zur Rente und bin nur drei Tage die Woche hier. Ich will mich mit dem da unten nicht mehr anlegen, habe mich genug mit dem abgestrampelt. Dieser Lüstling kriegt sich schon wieder ein. In vier Wochen hat er ein anderes Mäuschen an der Hand und die Sache verläuft im Sande. Wie immer. Gehen Sie auf Hochzeitsreise, ich halte hier solange die Stellung. Wenn Sie wieder kommen, ist alles wieder gut. Keine Panik. Amihan Gellela nehmen wir uns zusammen vor, wenn sich die Sache nicht von selbst erledigt. Und jetzt widmen wir uns den wichtigen Dingen«, meinte sie entspannt.

Ich war beruhigt, hatte die erhoffte Reaktion von Greta Vogl erhalten. Sie stand auf meiner Seite.

Kapitel 4 – Nichts ist gut

Aber nichts war gut. Nach meinem Urlaub wurde ich fristlos gefeuert und durch den Hinterausgang vom Hof gejagt. – Von Greta Vogl.

Ich stand apathisch in meinem Apartment. Die Hitze brannte sich wie glühendes Eisen in meinen Körper. Ich hörte das Läuten der Kirchenglocken – zwölf Uhr.

Ich muss was unternehmen, das kann ich nicht hinnehmen. Die Zeit läuft gegen mich ...

Ich nahm meinen Laptop aus dem Regal. Irgendwo hatte ich den Kontakt zu dieser Anwaltskanzlei aus Erfurt. Während meiner Zeit in Worms besaß die Muttergesellschaft einen Rahmenvertrag mit einer renommierten Kanzlei, die alle Tochtergesellschaften in Streitfragen zu konsultieren hatten. Diese Kanzlei deckte alle möglichen Rechtsgebiete ab, auch Arbeitsrecht. Als sich die Anwälte in Köln vorstellten, war ich dabei. Da war dieser riesige Anwalt mit einer tiefen Stimme wie der Schauspieler Ben Becker. Ich sah ihn vor mir: dunkler Lockenkopf, bestimmt zwei Meter groß, stabil, schwarzer Anzug, weißes Hemd, grüne Krawatte, leichtes Hochwasser in seinen Hosen. Fachgebiet: Arbeitsrecht! Er ruhte in sich, vermittelte jedoch bei seiner Vorstellung den Eindruck totaler Entschlossenheit. Wie hieß der noch gleich? Wie hieß die Anwaltskanzlei?

Ich fand nichts in meinen Dateien, nichts in meinen Kontakten. Also googelte ich: Anwalt ...

Arbeitsrecht ... Erfurt. Volltreffer. Gleich ganz oben auf der Googleliste erschien die Kanzlei. Ungefähr dreißig Anwälte waren das, verteilt auf ein Niederlassungsnetz über das gesamte Bundesgebiet. Ich klickte auf den Reiter *Arbeitsrecht* und scrollte runter. Da war er: Dr. Malte Zichon. Ich nahm mein privates Handy und rief in seiner Kanzlei an. Eine freundliche Anwaltsgehilfin meldete sich und hörte mir geduldig zu, als ich ihr den Sachverhalt kurz schilderte. Sie versprach mir, Dr. Zichon würde sich um 19.00 Uhr bei mir melden.

Die Stunden bis zum Abend vergingen im Schneckentempo. Jede Sekunde, jede Minute, jede Stunde stellte ich mir die zwei Fragen, die mich von nun an über eine lange Zeit verfolgen würden: *Was hatte ich verbrochen?* Und: *Warum ich?* Nie zuvor gab es Probleme auf der Arbeit, weder zwischenmenschlich noch fachlich noch methodisch. Ich verhielt mich immer vorbildlich, war ein Leistungsträger, führte das Unternehmen aus der Krise in die Gewinnzone. Was jetzt?

Ich legte mich hin, konnte aber nicht schlafen. Ich schob mir eine Pizza in den Ofen. Aber ich konnte nicht essen, hatte keinen Appetit. In meinem Kopf hörte ich Andreas Gmeiner, wie er sagte: »Benny, das fällt dir auf die Füße!« Nein, das konnte nicht sein! Ich hatte Amihan Gellela gefördert, ihr eine berufliche Perspektive gegeben, sie trotz ihrer erfundenen Vita gestützt. Ich war diskret in dieser geschmacklosen Angelegenheit gewesen. So hinterhältig konnte doch kein Mensch sein, eine Intrige zu inszenieren, die zu meinem Rausschmiss führte. Was könnte das Unternehmen denn sonst gegen mich in der Hand haben? – Nichts! Amihan Gellela hatte sich falsch verhalten, nicht ich. Es gab diese Aktennotiz, die alles aufklären konnte. Und Karl Huber? Sicher, er war ein Prolet, sprunghaft, aber ein Unternehmensführer lässt sich doch nicht auf so einen Unsinn ein, sei er auch menschlich noch so defizitär. Das konnte doch einfach nicht wahr sein! Nicht in der Welt, in der ich lebte!

Ich ging meine Reisekostenabrechnungen durch, von denen ich zu Hause Kopien hatte: Nichts, alles makellos. Vor meinem Auge spielten sich Arbeitssituationen, Gesprächssituationen und meine Präsentationen ab, aber ich fand nichts zu beanstanden. Es musste irgendetwas geben, an das ich mich nicht mehr erinnern konnte, etwas Schwerwiegendes. Ein krasses Fehlverhalten. Ich schaute immer wieder auf die Uhr. Die Zeit verging einfach nicht.

Ich rief Carola an und erzählte ihr von meiner Entlassung. Sie konnte es nicht glauben. Wir waren eine Weile beide sprachlos und weinten am Telefon. Unsere Zukunft, unsere Planung – alles weg. Wir waren gerade erst von der Hochzeitsreise zurück und nun war alles Weitere vernichtet. Unser Traum zerfiel wie ein gesprengtes Hochhaus in sich zusammen.

Trotzdem sprach sie mir Mut zu: »Nicht aufgeben – never give up«, sagte sie leise, »wir kämpfen weiter.«

Das tat gut. Saugut!

Dann bestätigte sie mich in meinem Vorgehen, direkt einen Anwalt eingeschaltet zu haben: »Der wird alles aufklären, da bin ich mir sicher. Ruf mich bitte direkt nach dem Gespräch mit dem Anwalt an.«

»Versprochen.«

Direkt danach rief ich Martin Hooge an. Martin war mein bester Freund in Berlin. Er besitzt ein kleines Unternehmen und wir trafen uns, so oft es ging, wenn ich in Berlin war. Er hatte mich auch schon in Augsburg besucht. Martin war genauso fassungslos wie Carola und meinte, von so einem Schwachsinn noch nie zuvor gehört zu haben. Er versuchte, mich zu beruhigen, hatte damit aber keinen Erfolg. Je mehr ich erzählte, desto wütender wurde ich. Es entwickelte sich geradezu Hass in mir, ein Gefühl, das ich nicht von mir kannte. Ich heulte wieder, verlor völlig die Fassung und verabschiedete mich, denn ich konnte nicht mehr.

Um 19.13 Uhr rief mich Dr. Zichon an. Er versicherte mir, ausreichend Zeit zu haben, ich sollte ihm alles erzählen, mit sämtlichen Details. Und das tat ich, haarklein, bis zu dem Moment, als ich durch den Hinterausgang entsorgt wurde.

Er hörte geduldig zu. Schließlich fragte er: »Haben Sie ein Kündigungsschreiben erhalten?«

»Nein, nicht mal das.«

»Komisch.«

»Was heißt das?«, wollte ich wissen.

»Das kann ich im Moment nicht beurteilen. Geben Sie mir bitte die Kontaktdaten von Karl Huber. Ich rufe ihn morgen an und versuche, das zu klären.«

»Und was mache ich jetzt?«

»Nun, das Arbeitsverhältnis ist nicht mehr zu retten. Selbst wenn sich alles was kommt in Luft auflöst, ist das Vertrauensverhältnis doch vollkommen zerstört. Wir finden schon einen Weg. Kündigen Sie sofort Ihr Apartment in Augsburg, fahren nach Hause nach Berlin zu Ihrer Frau und lassen Sie sich, wenn es Ihnen schlecht geht, krankschreiben. Schicken mir Ihren Arbeitsvertrag, Ihre letzte Gehaltsabrechnung und die Vollmacht, die ich Ihnen gleich maile, unterzeichnet zurück. Und diese Aktennotiz. Ich nehme das Mandat an und kümmere mich um alles Weitere.«

Das war mir nicht klar gewesen. Ich hatte angenommen, dass sich das sicher wieder hinbiegen lassen würde, aber natürlich hatte der Anwalt recht: Unter diesen Umständen war an eine weitere Zusammenarbeit mit dieser Firma nicht mehr zu denken.

Ich bereitete also die Unterlagen für Dr. Zichon vor und schicke ihm noch am selben Abend alles per Post.

Danach rief ich Andreas Gmeiner an. Bevor ich ihm alles erzählen konnte, unterbrach er mich: »Ich habe schon davon gehört. Spricht sich rum wie ein Lauffeuer. Du seist heute urplötzlich vom Firmengelände abgehauen, ohne dich zu verabschieden. Es weiß wohl keiner, was los ist. Benny! Sei vorsichtig. Du hast dir irgendwie einen Mächtigen zum Feind gemacht.«

»Ich?«

»Ja, du! So lauten die Gerüchte. Ich versuche, in den nächsten Tagen was rauszubekommen, und melde mich. Ich hab's dir gesagt. Jetzt läuft der Mist an den Wänden herunter. Bleib ruhig und hau hier ab. Fahr nach Hause nach Berlin. Wir telefonieren. Ich melde mich.«

»Okay, danke«, bekam ich nur noch mit einem fetten Kloß im Hals raus.

»Du hörst von mir. Bleib aufrecht. Servus«, verabschiedete sich Andreas.

Dann rief ich Carola an, um sie über den neuesten Stand zu informieren. Wir sprachen nicht lange, vielleicht zwei Minuten. Wir waren zu geschockt für einen längeren Dialog, wünschten uns nur noch eine gute Nacht.

***

Anders als Dr. Zichon und Andreas Gmeiner mir rieten, fuhr ich nicht sofort nach Berlin. Ich konnte die bittere Realität nicht verstehen, rannte täglich geschätzte 20 Mal zum Briefkasten, in der Hoffnung, eine Nachricht von der Firma zu erhalten, eine Klärung, dass es sich um ein Missverständnis handele, oder wenigstens die Kündigung bekäme. Aber es kam nichts! Mit jedem Gang zum Briefkasten wurde ich verzweifelter. Es war, als wäre jemand hinter mir her, eine nicht greifbare Bedrohung, die zwar allgegenwärtig aber nie zu sehen war. Wie ein Schatten, der nach mir griff.

Ich durchforschte das Internet, saß an meinem weißen Esstisch und gab alle möglichen Suchbegriffe bei *Google* ein, suchte nach Fällen, die ähnlich gelagert waren: Rausschmiss ohne Grund und Kündigungsschreiben. Ich las Urteile, Artikel ... alles, was das Internet hergab. Aber ich fand keinen vergleichbaren Fall.

»Verdammt! Was läuft da?«

Mittlerweile war es vier Uhr morgens. Mir fielen die Augen zu, ich war jedoch nicht bereit, zu schlafen. Diese Sache musste aufgeklärt werden. Zwischendurch verfasste ich das Kündigungsschreiben für mein Apartment und buchte online ein Bahnticket für Montag, den 13. August. Ein paar Tage Karenzzeit würden zur Klärung beitragen, redete ich mir immer wieder ein.

Neben mir, hinter mir, vor mir: Er war immer da, dieser Schatten, dieser Dämon. Er fragte höhnisch aus dem Nichts: »Was hast du verbrochen? Warum du? Denk nach, dann kommst du drauf!«

Um sechs Uhr rief mich Carola an. »Hast du einigermaßen geschlafen?«, fragte sie.

»Ja, so einigermaßen«, meinte ich. Ich sagte ihr nicht, dass ich die Nacht durchgemacht hatte. Sie sollte sich nicht noch mehr Sorgen machen. Ich war ja ein Kämpfer, ein Stehaufmännchen. Das wusste sie.

Dann fing ich an, das Apartment zu putzen. Wenn ich nächsten Montag abreiste, sollte alles picobello sauber sein. In vier Wochen bräuchte ich dann nur noch nach Augsburg reisen, um das Apartment zu übergeben und auf dem Rückweg die letzten Sachen mitzunehmen. Dann könnte ich mich noch mit Andreas Gmeiner treffen und ein Abschiedsbier trinken. Bis dahin, dachte ich, würde sich alles aufklären.

Zwischendurch ging ich immer wieder zum Briefkasten. – Erfolglos.

Nachmittags hatte ich das Apartment auf Hochglanz gebracht. Es war erst Mittwoch. – Was mit den letzten Tagen in Augsburg anfangen? Gegessen hatte ich bis dahin nichts. Spontan entschloss ich mich, essen zu gehen; in den *Ratskeller*, da gab es leckere Gerichte. Ich mochte den Zwiebelrostbraten besonders gerne. Zu Carmelo wollte ich nicht, nach der Begegnung mit Amihan Gellela und Karl Huber.

Ich ging über die Straße, direkt gegenüber von meinem Apartment war eine Tramstation, und fuhr Richtung Königsplatz. Neben mir nahm der Dämon Platz: »Schau mal, wie die Leute dich ansehen. *Das ist doch der, der gestern bei seinem Unternehmen vom Hof gejagt wurde. Was der wohl verbrochen hat? Bestimmt was Schlimmes!*« Ich stieg an der nächsten Station aus und lief die 400 Meter zurück zum Apartment, wie Lola im Film *Lola rennt*. Ich stoppte nur kurz an einer Bäckerei, kaufte mir fünf Brötchen, zwei Stück Obstkuchen und ein Brot. Dann flüchtete ich ins Apartment, in Sicherheit. Dort konnte mich niemand sehen.

Ein kurzer Blick in den Briefkasten: Nichts.

Im Apartment angekommen, schnaufte ich kurz durch. Geschafft! *Hier bin ich sicher.*

Das erste Brötchen stopfte ich trocken in mich hinein, zwei weitere belegte ich mit Butter, Salami und Schinken. Ich war ausgehungert. Der Schinken war noch von Carola, sie mag so gerne Südtiroler Bauernspeck, den hatte ich darum immer da. Dann zog ich die Vorhänge an den Fenstern zu, drehte den Fernseher zum Bett und legte mich hin. Es lief *Stadt Land Kunst* auf *ARTE*, eine Sendung, die ich gern schaute. Ich schlief aber sofort ein.

Nach zwei Stunden wachte ich auf, mein Smartphone klingelte. Auf meiner Bettkante saß der Dämon: »Das Telefon klingelt. Jetzt wird mit dir abgerechnet. Jetzt kommen deine schlimmen Verfehlungen ans Tageslicht!«, zischte er. Ich musste auf Toilette, ignorierte zunächst das Klingeln, hatte plötzlich völlig irrationale Angst.

Nach dem Toilettengang sah ich dann nach, wer angerufen hatte. Dr. Zichon. Ich drückte auf Rückruf. Seine Assistentin stellte mich zu ihm durch.

»Und? Gibt es Neuigkeiten?«, fragte ich aufgeregt.

»Nein, leider nicht. Ich habe heute vier Mal dort angerufen. Jedes Mal wurde mir von einer Dame am Telefon mitgeteilt, Karl Huber sei in einer Besprechung, er würde mich zurückrufen. Hat er aber nicht. Ich habe das Gefühl, er lässt sich verleugnen.«

»Und? Was machen wir jetzt?«, fragte ich ungeduldig.

»Nichts«, erwiderte er. »Rechtlich ist eine Kündigung nur wirksam, wenn sie schriftlich erklärt wird. Etwas Schriftliches haben Sie nicht. Ergo sind Sie nicht rechtswirksam gekündigt. Wir warten ab. Ich gehe davon aus, dass in den nächsten Tagen etwas passieren wird. Haben Sie bitte etwas Geduld. Ich versuche weiterhin, Karl Huber zu erreichen. Haben Sie ausreichend vorgesorgt? Ich gehe davon aus, dass die Firma kein Gehalt mehr zahlt. Sind Sie abgesichert?

Ich erschrak, daran hatte ich nicht gedacht. »Ich muss das prüfen. Aus dem Bauch heraus gehe ich davon aus, dass es eine Weile reichen wird. Wie lange, glauben Sie, kann das dauern?«

»Auch das kann ich nicht beurteilen. Ich kenne keine Hintergründe. Stellen Sie sich bitte auf mehrere Monate ein«, warnte er mich vor.

»Gut, ich prüfe das«, versicherte ich ihm.

In Gedanken ging ich meine laufenden Kosten durch: Lebensunterhalt, Freizeitaktivitäten, Miete … Es reichte sicher noch für eine Weile, ich hatte ja Ersparnisse. An dem Punkt konnte nichts anbrennen, da war ich mir sicher.

Das Apartment verließ ich fast gar nicht mehr. Nur kurz, um einzukaufen und nach dem Briefkasten zu sehen. Sonst igelte ich mich ein, telefonierte nur mit Carola. Es passierte nichts mehr in Augsburg. Keine Post vom Arbeitgeber. Kein Signal von Dr. Zichon. Null Reaktionen. Nur der Dämon war an meiner Seite, klebte an mir wie eine Klette, redete immer wieder auf mich ein: »Du hast Scheiße gebaut. Jetzt wird mit dir abgerechnet. Das wird dich vernichten!« Er machte mich wahnsinnig, wurde immer gehässiger und ich konnte keinen klaren Gedanken mehr fassen. Er drang immer weiter in mich ein. In jeder Sekunde meines Lebens stand er neben, vor oder hinter mir. Ich hätte dringend einen Therapeuten gebraucht, aber doch nicht hier – nicht in Augsburg! Andreas Gmeiner und der Anwalt hatten völlig recht gehabt, als sie mir rieten, sofort zu verschwinden. Aber in meiner Not hatte ich mich an einen Strohhalm geklammert …

Endlich war es so weit: Sonntag. Nur noch ein Tag, dann würde ich endlich nach Hause fahren, zu Carola, das würde mir guttun. Meine Frau, meine Umgebung ... Die Blicke der anderen würden mich nicht mehr bedrängen, der Dämon würde in Augsburg zurückbleiben.

Ich packte zwei Koffer mit Kleidung und meine Unterlagen. Telefonierte mit Carola. Wir sprachen in den vergangenen Tagen bestimmt fünfmal am Tag miteinander. Ich freute mich sehr auf zu Hause und darauf, den ganzen Mist hinter mir zu lassen. Morgen ging es endlich los.

Kapitel 5 – Zurück in Berlin

Der Zug kam pünktlich. Ich setzte mich auf meinen reservierten Platz. Neben mir saß ein junger Mann, vielleicht Mitte 30. Es gab einen kurzen Small Talk, bevor er seinen Computer auspackte und anfing zu arbeiten. Ab und zu schaute ich auf seinen Bildschirm. Er befüllte Excellisten mit Zahlen und schrieb Kommentare in einen Projektplan. *Interessant*, dachte ich, *kenne ich. Habe ich auch oft auf meinen Heimfahrten nach Berlin gemacht.*

Auf die Minute pünktlich erreichten wir Nürnberg. Ein paar 100 Meter von hier war unsere Niederlassung, also die Niederlassung meines Ex-Arbeitgebers. Ich kannte mich in dieser Stadt bestens aus. *Da brauche ich wohl nicht mehr hin*. Ich lachte jetzt sogar schon innerlich und war voller Vorfreude auf Carola.

Plötzlich meldete sich eine Stimme hinter mir: »Ich komme gerade von der Arbeit. Die ziehen da über dich her. Was du alles gemacht hast … Unfassbar. Warts ab, du wirst deine Quittung bekommen!«

Nein! Der Dämon war zugestiegen und saß hinter mir. Ich senkte deprimiert den Kopf, war am Boden zerstört. Fuhr der jetzt mit mir nach Berlin?

Am Berliner Hauptbahnhof stieg ich aus und schrieb Carola kurz, dass ich in einer halben

Stunde da sei. Sie antwortete nur mit einem lachenden Smiley. *So schön*, dachte ich.

Zuhause angekommen, empfing mich Carola an der Tür: »Komm erst mal an, wirst sehen, jetzt wird alles gut. Wir schaffen das, ich bin an deiner Seite.«

»Die kriegen mich nicht kaputt! Nicht die! Ich werde alles Stück für Stück aufarbeiten. Ich habe mir nichts vorzuwerfen. Der Rechtsanwalt macht einen guten Eindruck: klar und ehrlich. Ich glaube, mit dem habe ich einen guten Fang gemacht«, entgegnete ich entschlossen.

Wir aßen zusammen Abendbrot und verbrachten einen gemütlichen Fernsehabend, kuschelten uns vor dem Fernseher ein. Von meinem neuen ständigen Begleiter erzählte ich ihr nichts.

***

Als ich am nächsten Morgen aufwachte, stand der Dämon vor meinem Bett. Seine Visage war noch fürchterlicher als zuvor: »Du kannst vor deiner Vergangenheit nicht fliehen, sie ist immer an deiner Seite! Bist du endlich darauf gekommen, was du angerichtet hast? Denk nach! Denk nach!«

Ich blieb liegen und dachte nach. Wieder gingen die letzten zweieinhalb Jahre durch meinen Kopf. Karl Huber, Amihan Gellela und Greta Vogl, die mich gelinkt hatte oder sich nicht durchsetzen konnte. *Alles wird gut*, hatte Greta Vogl vor meinem Urlaub gesagt, und jetzt verfolgte mich dieser Dämon.

Er verfolgte mich auf Schritt und Tritt, ließ mich nicht mehr in Ruhe. Ich konnte nichts gegen ihn ausrichten, er war stärker als ich, ich war ihm hilflos ausgeliefert: »Du bekommst jetzt die Strafe, die du verdient hast. Überlege, denk nach! Krame in deiner Vergangenheit! Dann werden dir deine schlimmen Taten einfallen.«

Ich grübelte und grübelte. Jeden Tag von morgens bis abends. Ich wachte nachts schweißgebadet auf, lag wach, konnte mich auf nichts konzentrieren. Was ich auch tat: Der Dämon war da und hatte die Kontrolle über mich. Ich saß nur noch auf dem Sofa und starrte an die Decke.

Carola sah, wie ich vor mich hin vegetierte. Sie konnte mir nicht helfen, niemand konnte mir helfen. Ich war hilflos einer Sache ausgeliefert, die ich nicht bekämpfen konnte, weil ich nicht wusste, gegen wen oder was ich zu kämpfen hatte. Ich ließ mich hängen und vernachlässigte alles; wusch mich nicht mehr, aß fast nichts mehr, zog jeden Tag die gleiche Kleidung an: einen Jogginganzug, der mittlerweile bestialisch stank. Es war mir egal. Manchmal verbrachte ich den ganzen Tag im Bett. Immer wenn der Dämon kam, weinte ich bitterlich, flehte ihn an, zu verschwinden.

Er blieb. Er wollte mich zerstören.

***

Am 21. August 2018 vormittags klingelte es an der Tür. Carola war nicht da, sie war in der Schule. Ich quälte mich aus dem Bett und öffnete.

Vor mir stand ein Kurier: »Sind Sie Benjamin von Thaysens?«

»Ja«, antwortete ich.

»Ich habe eine Expresssendung für Sie, bitte hier quittieren.«

Ich unterzeichnete und er gab mir einen Umschlag, auf dem ich den Absender meines Arbeitgebers erkannte.

Ich ging ins Arbeitszimmer, setzte mich und legte den Umschlag vor mir ab, starrte ihn reglos an, minutenlang. Ich hatte panische Angst, ihn zu öffnen. Der Dämon meinte, ich solle ihn öffnen, ich Feigling, ich müsse endlich zu meinen schlimmen Taten stehen.

Ich riss ihn mit zitternden Händen auf.

Sehr geehrter Herrn von Thaysens,
hiermit kündigen wir das zwischen Ihnen und uns bestehende Arbeitsverhältnis fristlos mit sofortiger Wirkung aus wichtigem Grund, hilfsweise ordentlich unter Einhaltung der anwendbaren Kündigungsfrist zum nächstmöglichen Zeitpunkt …

Der Rest war das übliche juristische Blablabla, unterzeichnet hatte Karl Huber.

Wichtiger Grund? Was denn für ein wichtiger Grund? Was sollte das sein? Ich hatte zwar jetzt die Kündigung, wusste aber immer noch nicht, was mir vorgeworfen wurde. Ich scannte das Dokument ein und mailte es Dr. Zichon. Dann ging ich wieder ins Bett.

Mittags kam Carola nach Hause. Ich hörte, wie sie ins Arbeitszimmer ging und dort verharrte. Dann kam sie ins Schlafzimmer, setzte sich auf meine Bettkante und streichelte mich. Sie gab mir Küsse auf die Wange. »Ich bin bei dir, mach dir keine Sorgen. Wir schaffen das.«

Ich war geistesabwesend, sah sie nur apathisch an, drehte mich zur Fensterseite und starrte raus.

Um 16.10 Uhr klingelte das Telefon. Carola nahm ab. Ich nahm keine Telefonate mehr entgegen, war für niemanden erreichbar. Dr. Zichon war dran und wollte mich sprechen. Carola gab mir den Hörer.

Ich richtete mich im Bett auf:

»Hallo Herr von Thaysens, wie geht es Ihnen?«, fragte er.

»Nicht gut«, antwortete ich.

»Die Angelegenheit wird immer skurriler. Nachdem ich heute Morgen Ihre E-Mail mit der Kündigung erhalten habe, rief mich am Nachmittag ein Rechtsanwalt an, offenbar der Anwalt der Gegenseite. Er meinte, er hätte ein Schriftstück von Ihrem Arbeitgeber vorliegen, aus dem hervorgeht, dass gegen Sie schwere Mobbingvorwürfe erhoben werden. Ich bat ihn, mir dieses Schriftstück zukommen zu lassen, doch dazu war er nicht bereit. Ich werde jetzt einen Auskunftsanspruch unsererseits formulieren und der Gegenseite zukommen lassen. Dazu werde ich sofort Schutzklage gegen die Kündigung beim Arbeitsgericht Augsburg erheben. Wir müssen nur noch eine Sache klären.«

»Was denn«, fragte ich matt.

»Gab es Situationen auf der Arbeit, die diesen Vorwurf stützen könnten?«

»Nein, niemals. Bis auf die Sache mit Amihan Gellela ist nichts vorgefallen. Mobbing ... Ich wüsste nicht, was da gemeint sein könnte. Es gibt da nichts. Null. Ich mache mir von morgens bis abends Gedanken darüber, was passiert sein könnte. Ich schlafe nachts nicht mehr, vegetiere nur noch vor mich hin, aber ich komme nicht darauf.«

Dr. Zichon war ganz ruhig: »Wenn es Ihnen schlecht geht, gehen Sie zum Arzt. Lassen Sie sich helfen. Ich kann nur die rechtliche Seite abdecken. Wir machen es jetzt so, wie ich geschildert habe. Aber die Sache kann etwas dauern ... bis das Gericht einen Termin ansetzt.«

Wir beendeten das Telefonat. Ich legte das Telefon neben mir auf den Nachtschrank und starrte wieder aus dem Fenster. Carola fragte mich, was los sei, was der Rechtsanwalt gesagt habe. Ich schilderte ihr die Situation.

Sie lachte höhnisch: »Du sollst gemobbt haben? Lächerlich. Mach dir nicht zu viele Sorgen. Ruh dich aus. Der Anwalt ist gut, der weiß, was er tut. Es wird sich alles aufklären. Du wirst das Feld als Sieger verlassen, wie dein HSV!«

Wie mein HSV?, dachte ich. *Die verlieren im Moment doch nur.*

***

Den ersten sogenannten *Gütetermin* am 21. September 2018 vor dem Arbeitsgericht Augsburg ließen wir auf Empfehlung von Dr. Zichon platzen. Ich ließ mir eine Verhandlungsunfähigkeit von meinem Hausarzt Dr. Schellmann attestieren. Ich konnte nicht. Es ging einfach nicht. Ebenso den nächsten Termin am 16. Oktober 2018, da konnte Dr. Zichon nicht. Aus taktischen Gründen sei es ohnehin besser, wenn wir vorher wüssten, gegen was wir uns verteidigen mussten, meinte er: »Wir müssen die weichkochen, sie aus der Reserve locken.« Ich hatte ihm bei unserem ersten Gespräch von der Ungeduld Karl Hubers berichtet.

Zunächst passierte nichts. Ich bewegte mich weiter in meinem Mikrokosmos zwischen Bett und Wohnzimmer. Die Wohnung verließ ich nicht. Reden wollte ich auch nicht mehr. Daran, mich schick zu kleiden wie früher, dachte ich nicht mal. Ich rannte herum wie ein Gammler. Einzig mein Dämon war bei mir, der mir das Leben zur Hölle machte und mich Tag und Nacht penetrierte: »Du bist ein Mobber! Du bist erledigt! Die machen dich fertig!«

Die Wochen vergingen, bis mich ein Ereignis komplett zerstörte: Am 25. Oktober 2018 bekam ich das, worauf ich seit dem 7. August wartete: die Gründe, warum ich fristlos gefeuert wurde.

Dr. Zichon rief mich morgens gegen neun Uhr an und teilte mir mit, er würde mir in wenigen Minuten den Schriftsatz der Gegenseite mailen, die er vom Arbeitsgericht Augsburg erhalten habe. Er habe ihn schon gelesen. Es sei schwere Kost. – Ich war fertig, noch bevor ich eine Zeile gelesen hatte, und musste mich mehrmals übergeben. Mein Kopf glühte wie bei 40 Grad Fieber.

Ich hatte Angst, dennoch startete ich meinen Computer. Die E-Mail war da. Ich öffnete sie. Auf 27 Seiten wurde dargelegt, warum es untragbar für das Unternehmen, insbesondere für Amihan Gellela sei, weiter mit mir zusammenzuarbeiten. Mir wurde menschenverachtendes Verhalten gegenüber Amihan Gellela vorgeworfen. Ich sei ein Rassist der übelsten Sorte. Ich hätte ihr gegenüber Schlitzaugen gemimt, was sich auf ihre asiatische Herkunft bezogen habe, und hätte sie wegen ihrer dunklen Hautfarbe diskriminiert, sie als *schwarzen Mist* bezeichnet. Ich hätte ihr nahegelegt, wieder in ihr Land zurückzukehren, in die schwarze Gosse, aus der sie emporgekrochen sei, dass ich es bereuen würde, sie eingestellt zu haben, diese *ätzende Ausländerin*. Ich hätte ihr erklärt, dass Ausländer in deutschen Unternehmen ohnehin nichts zu suchen hätten … Und so ging es 27 Seiten lang weiter: 42 frei erfundene Situationen, in denen ich mich rassistisch geäußert haben soll.

Ich konnte es nicht glauben. Ich las den Schriftsatz ein zweites, ein drittes und ein viertes Mal, doch es blieb dabei. Ich war ab jetzt als Rassist abgestempelt. Tiefer kann man nicht fallen, dachte ich. Mein Weltbild zerbrach binnen Minuten.

Nachmittags rief mich Dr. Zichon an. Er ahnte, dass mich diese Vorwürfe komplett aus der Bahn geworfen hatten. Er bat mich, sofort zu ihm zu kommen. Er meinte, so was Massives noch nie erlebt zu haben, in seiner ganzen Zeit als Rechtsanwalt nicht. Er würde für mich eine Ausnahme machen: Ich sollte am Samstag 27. Oktober um zehn Uhr in seiner Kanzlei in Erfurt sein, um alles zu besprechen. Aber ich sollte mir, auch wenn es mir noch so schwerfallen sollte, Gedanken zu den Vorwürfen machen: »Wir müssen zu allem Stellung beziehen, haarklein.«

Ich willigte ein und buchte umgehend online die Fahrkarte.

Carola kam gegen 14.00 Uhr von der Schule. Ich erzählte ihr von den Rassismusvorwürfen gegen mich. Sie war erschüttert und genau wie ich am Boden zerstört.

»Wer hat sich das einfallen lassen? Das ist ja unterste Schublade! Etwas Schlimmeres kann man einem Menschen in dieser aufgeheizten gesellschaftlichen Phase doch gar nicht antun. Das ist das schärfste Schwert, mit dem man zustechen kann.«

Sie hatte recht. Ich war fertig – menschlich, gesellschaftlich; nicht mehr auf den Arbeitsmarkt vermittelbar. Es starb alles in mir ab, ich fühlte nichts mehr: keine Wut, kein *Denen werde ich es zeigen!* – nichts. Ich resignierte komplett. Der letzte Funke in mir erlosch, ich war nur noch eine leere Hülle.

Mein Dämon wurde nun noch präsenter als zuvor: »Du bist nicht darauf gekommen? Jetzt bist du am Ende, jetzt bis du für alle ein Rassist.«

Ich war nie politisch, höchstens an Politik interessiert. Vor meinen Augen liefen die rechtsextremen Szenen in Chemnitz ab, die ich im Fernsehen gesehen hatte. Dieses Nazidorf *Jamel*, von dem ich eine Reportage sah. Diese schrecklichen Menschen, die dort lebten und gegen Migranten hetzten. Dieser widerliche Thüringer Politiker, der Parolen aus schlimmen deutschen Zeiten rausposaunte. Diese Bundestagspartei, die gegen Migranten hetzte. Vor meinem geistigen Auge liefen sämtliche Schnipsel ab, von denen ich in der Vergangenheit hörte, las oder sie im Fernsehen sah. – Jetzt gehörte ich dazu, war abgestempelt als Rassist! Immer und immer wieder lief dieses Kopfkino in mir ab. Wenn es eine Steigerung von machtlos gibt, dann war es das Gefühl, das ich zu jener Zeit empfand: hilflos einer Sache ausgeliefert zu sein, zu der ich keinen Beitrag geleistet hatte.

Carola kam zu mir ins Arbeitszimmer. Ich saß immer noch fassungslos vor diesem ekligen Schriftsatz. »Benny, wir müssen dich in Schuss bringen. So wie du aussiehst, kannst du nicht zu Dr. Zichon reisen. Wenn der dich so sieht ...«

Sie packte mich und zog mich ins Bad.

Ich hatte mich seit meiner Rückkehr aus Augsburg nicht mehr rasiert und mittlerweile einen dichten grau melierten Vollbart. Als ich ihn entferne und mein Gesicht wieder zum Vorschein kam, bemerkte ich, wie abgemagert ich war, mit tiefen Furchen im Gesicht wie bei einem Achtzigjährigen. Mein Gesicht war voller roter Pusteln. Danach scheuchte Carola mich in die Badewanne. Ich setzte mich und sie brauste mich ab, wusch mir Kopf und Rücken, seifte mich mit einem Waschlappen ein. Erst danach ließ sie Badewasser ein. – Ein heißes Bad: Das hatte ich ewig nicht mehr genommen. Sie positionierte das Badewannenkopfkissen am oberen Ende der Wanne und ich legte meinen Kopf ab.

Carola tauchte einen Waschlappen in heißem Kamillentee und legte ihn mir sanft aufs Gesicht: »Damit sich deine Haut beruhigt.«

Ich nahm alles teilnahmslos hin. Sie setzte sich auf den Badhocker neben mich und las mir aus *Commissario Montalbano* vor, einem sizilianischen Krimi, den ich mochte.

Nach dieser Grundreinigung schickte sie mich aufs Sofa und deckte mich zu. Ich schlief ein, wachte aber immer wieder auf, von Albträumen gepeinigt.

***

Carola war zu Hause, als ich am nächsten Morgen aufwachte. Sie hatte sich in der Schule abgemeldet und blieb bei mir. Sie absolvierte mit mir die gleiche Prozedur wie am Vortag und wusch mich von oben bis unten ab. Es gab auch wieder das Kamillenteebad für mein Gesicht. Sie bereitete mir ein Frühstück zu und ich aß zwei Scheiben Brot mit Schwarzkirschmarmelade, trank einen Ananas-Smoothie, dann einen italienischen Limonentee. Sie verfrachtete mich erneut aufs Sofa und las mir *Commissario Montalbano* vor. Zwischendurch schlief ich immer aus wieder ein.

Nachmittags bestellte sie uns bei *Lieferando* Pizza. Ich aß nicht viel, vielleicht ein Drittel; mein Magen war nicht mehr an Nahrung gewöhnt, ich hatte in den letzten Wochen nicht viel gegessen.

Gegen 22.00 Uhr gingen wir ins Bett. Ich schlief kaum, hatte ständig diese Fratzen vor den Augen, in Springerstiefeln, mit rechtsradikalen Posen.

Als ich aufstand, war Carola schon aktiv. Sie hatte mir alles bereitgelegt: Unterwäsche, Socken, eine dunkelblaue Chinohose von *Boggi Milano*, dazu ein hellblaues Oberhemd, braune Schuhe und den passenden Gürtel, dazu einen Kurzmantel von *Cingue* und einen Schal.

Sie überwachte, dass ich mich auch ordentlich wusch, gelte meine Haare und machte mir eine Frisur. Ich war lange nicht mehr beim Friseur gewesen und sie gab ihr Bestes. Meine braune Arbeitstasche mit allen Unterlagen hatte sie ebenfalls gepackt.

»Wie attraktiv du bist ... Ich liebe dich!«

Sie war so feinfühlig!

Ich aß eine Scheibe Brot und trank einen grünen Tee.

Dann brachte sie mich mit unserem kleinen *Fiat-500*-Cabrio, das wir uns im letzten April zulegten, zum Bahnhof. Ich entschied mich damals, auch ein Auto in Berlin zu haben, um mobil zu sein. Es sollte ein *Funcar* sein und dieser kleine Flitzer ist uns schnell ans Herz gewachsen. Ich ließ meinen Firmenwagen meistens in Augsburg und fuhr mit der Bahn nach Berlin, da half uns der Kleine bei Einkäufen und kurzen Wochenendtrips ins Umland weiter.

Mein Zug ging um 7.30 Uhr. Carola wartete am Bahnsteig, bis er abfuhr.

Während der Fahrt las ich mir erneut alles durch und machte mir Notizen am Rand des Schriftsatzes. Ich fragte mich: *Was soll ich dem entgegensetzen? Ich habe nichts in der Hand, außer der Aktennotiz über Amihan Gellela. Ob das reicht?*

Als ich in Erfurt ausstieg, schaltete ich mein Smartphone ein. Ich hatte es wohl längere Zeit nicht angehabt. Die Nachrichten prasselten nur so herein: E-Mails, SMS, *WhatsApps* … Alle möglichen Menschen versuchten, mich zu erreichen. Meine alten Freunde aus Westfalen – wir betrieben eine *WhatsApp*-Gruppe – waren mittlerweile in ganz Deutschland verstreut.

Ich las keine einzige Nachricht.

Es klingelte, Carola war dran und fragte, ob ich gut angekommen sei. Sie kannte meine Ankunftszeit.

»Ja, ich bin pünktlich in Erfurt angekommen. Habe jetzt Google-Maps eingeschaltet und lasse mich darüber zur Kanzlei von Dr. Zichon führen.«

»Okay, Süßer. Denk dran, ich bin an deiner Seite, wenn ich auch nicht dabei bin. Wir schaffen das!«

»Ich tue mein Möglichstes«, versprach ich ihr.

Dr. Zichons Assistentin öffnete mir die Tür und führte mich in einen Besprechungsraum. Der riesige Anwalt erwartete mich bereits. An seinem Platz lag die Akte über mich. Er bat mich, mit seiner tiefen rauchigen Stimme, Platz zu nehmen. Es gab schwarzen Tee, dazu hatte er belegte Brötchen besorgt.

»Lassen Sie uns gleich loslegen. Sie bedienen sich bitte selbst.«

Er beobachtete mich genau und hörte konzentriert zu, während ich erzählte. Er stellte Rückfragen und analysierte jedes meiner Worte, wenn ich ihm Sachverhalte schilderte. Ich schätze, er wollte herausfinden, ob an der Sache was dran war.

Dann gingen wir den Schriftsatz der Gegenseite Absatz für Absatz durch. Ich nahm zu allem Stellung, so gut ich konnte. Seine Assistentin protokollierte meine Ausführungen. Zu vielen Situationen, die von Amihan Gellela beschrieben wurden, konnte ich nichts sagen, denn es hatte diese Situationen nie gegeben, dessen war ich mir sicher.

Dr. Zichon zerpflückte jedes Wort aus dem Schriftsatz der Gegenpartei und ermahnte mich, präzise zu sein, gut nachzudenken.

Mit der Zeit merkte ich, wie meine Konzentration nachließ: Ich war es nicht mehr gewohnt, mich über einen langen Zeitraum zu konzentrieren.

Wir legten eine Pause ein. Ich zog mir meinen Mantel an und drehte eine Runde an der frischen Luft.

Danach ging es weiter. Dr. Zichon durchkämmte alles, legte jedes Wort der Gegenpartei auf die Goldwaage, löcherte mich mit Fragen. – Bis wir in dem Schriftsatz an einen Punkt kamen, an dem ich energisch einhakte:

»Ich soll am 25. Juli 2017 Frau Gellela als schwarzes Miststück bezeichnet haben? Das geht nicht. Da war ich nachweislich mit Carola auf Sizilien im Urlaub. Darüber hat Carola bestimmt noch Buchungsunterlagen, sie bewahrt immer alles auf.«

»Klasse. Bitte notieren und mir extra markieren«, wies er seine Assistentin an. »Darauf baue ich meinen Schriftsatz auf. Ich benötige dazu die Nachweise von Ihnen.«

»Die bekommen Sie«, versprach ich, »gleich per E-Mail, wenn ich zu Hause bin.«

Danach ging es weiter. Dr. Zichon war extrem detailverliebt. Jede Kleinigkeit analysierte er und hakte nach, ließ sich alles genau erklären. Er war extrem hartnäckig.

Am Ende fragte er mich: »Ist Ihnen eigentlich an dem Schriftsatz etwas aufgefallen?«

»Nein. Außer dass die Sache mein Leben zerstört hat, ich erledigt bin und ich mir nicht erklären kann, wie Amihan Gellela dazu kommt, so einen Unsinn zu behaupten.«

»Zwei wichtige Aspekte haben mich und werden auch den Richter stutzig machen: Erstens wird nirgendwo ein Zeuge von Amihan Gellela benannt. Auch kein Ort oder Uhrzeit, an denen diese Entgleisungen von Ihnen stattgefunden haben sollen. Zweitens ist aus den Protokollen des Betriebsrats eindeutig ersichtlich, dass der Betriebsrat nicht wahrheitsgemäß informiert und zeitgerecht beteiligt wurde. Das muss er aber vor einer Kündigung, sonst ist sie nichtig. Das werde ich auf jeden Fall in meinen Schriftsatz aufnehmen.«

»Ich möchte aber, dass wir auf jeden einzelnen Rassismus-Vorwurf eingehen. Ich will nicht, dass etwas im Raum stehen bleibt. Das ist mir wichtig«, entgegnete ich.

»Ja, das machen wir. Deswegen habe ich meine Mitarbeiterin gebeten, alles zu protokollieren. Ich verfasse den Schriftsatz, sobald Sie weg sind. Sie mailen mir bitte sofort den Nachweis Ihres Urlaubs, wenn Sie zu Hause sind. Ich möchte den Schriftsatz Mitte nächster Woche an das Arbeitsgericht Augsburg senden. Das wäre es dann für heute.«

Ich bedankte mich bei Dr. Zichon und seiner Assistentin für die Zeit, die sie sich extra für mich am Wochenende nahmen. Die Assistentin verabschiedete sich und verließ den Raum. Sie wollte das Protokoll umgehend abtippen. Dr. Zichon bat mich noch mal um fünf Minuten Zeit, ich sollte mich wieder setzen.

»Herr von Thaysens, Sie sehen entsetzlich aus. Bitte lassen Sie sich helfen, sonst schaffen Sie das nicht. Einen Prozess zu gewinnen ist das eine, die Angelegenheit zu verarbeiten etwas ganz anderes. Sie wären nicht der Erste, der sich Hilfe holt. Denken Sie bitte darüber nach.« Dann verabschiedeten wir uns endgültig und er begleitet mich zur Tür.

Auf dem Weg zum Bahnhof rief ich Carola an. Ich berichtete ihr von dem Meeting mit Dr. Zichon und dass es nicht schlecht für mich aussehe. Von Dr. Zichons Rat erzählte ich ihr nichts.

Um 15.00 Uhr stieg ich in den Zug nach Berlin, hatte gemischte Gefühle. Auf der einen Seite waren da die offensichtlichen Formfehler meines Arbeitgebers bei der Kündigung, auf der anderen Seite die Rassismusvorwürfe. Was bedeutete das für mich? Sofort meldete sich der Dämon: »Es bleibt immer etwas hängen. Du bist und bleibst jetzt für alle ein Rassist! Dein Leben lang!«

Das ging die ganze Rückfahrt so. Immer wieder beschimpfte der Dämon mich als Rassist, so angestrengt ich auch versuchte, abzuschalten. – Er war immer präsent.

Zuhause angekommen empfing mich Carola: »Du hast jetzt einen riesigen Schritt getan. Den Rest erledigt der Anwalt. Versuche abzuschalten, unternimm mal wieder was, geh raus. Triff dich mit Freunden. Geh ins *Knabel*, schau Fußball.«

Ich mailte Dr. Zichon den Buchungsnachweis und den dazu gehörigen Zahlungsbeleg. Abends sahen wir fern. Carola war während der ganzen

Zeit sehr sensibel im Umgang mit mir. Sie stellte nicht ein einziges Mal meine Unschuld infrage, sondern kümmerte sich aufopferungsvoll um mich, ließ mir aber auch meine Ruhe. Selbst als es rapide mit mir bergab ging, baute sie keinen Druck auf. Sie war sich sicher, ich würde mich wieder erholen.

Sie kannte jedoch meinen ständigen Begleiter nicht. Wusste nicht, wie er mich zermürbte. Ich schämte mich zu sehr, um ihr davon zu erzählen.

Kapitel 6 – Absturz

Am nächsten Morgen entschloss ich mich tatsächlich, etwas zu unternehmen, checkte nach dem Frühstück aber erst meine E-Mails. Der Schriftsatz von Dr. Zichon war da, er musste die Nacht durchgearbeitet haben. Ich sollte ihn lesen und freigeben, schrieb er.

Ich las ihn konzentriert durch: Auf 35 Seiten widerlegte er eine Anschuldigung nach der anderen. Er zerpflückte die Vorwürfe der Gegenpartei geradezu; manchmal formulierte er knüppelhart, dann wieder ironisch, stellte die Gegenpartei als Lügner hin, indem er den Vorwurf vom 25. Juli 2017 mittels meiner Urlaubsabwesenheit entkräftete. Buchungsnachweis und Zahlungsbeleg fügte er als Anlage hinzu. Er verwies auf die Formfehler bei der Betriebsratsanhörung und darauf, dass keiner der unterstellten Vorwürfe durch Zeugen belegt sei.

Ich gab den Schriftsatz frei. Ich konnte jetzt nichts mehr machen, musste warten. – Wieder warten.

Nachmittags brach ich zum *Knabel* auf, Fußball schauen. Sicher würden Bekannte da sein. Bremen spielte gegen Leverkusen, zwei offensiv agierende Mannschaften – das versprach ein rassiges Spiel zu werden. Ich freute mich, hatte lange keine sozialen Kontakte mehr. Ich nahm mir vor, beim Fußballgucken zu essen, dazu ein oder zwei Pils zu trinken.

Auf dem Fußweg zum Knabel meldete sich wieder der Dämon: »Sei vorsichtig, was du sagst, du Rassist. Nicht dass du irgendwas Falsches sagst!«

Diesmal ignorierte ich ihn. Ich ging nicht zurück nach Hause, um mich einzuigeln, sondern fest entschlossen weiter.

Im *Knabel* angekommen, bestellte ich mir ein *Berliner Pilsener* frisch vom Fass.

»Det glob ick ja nich. Lange nicht mehr hier jewesen«, tönte es vom Stammtisch gegenüber.

»Viel Arbeit, keine Zeit gehabt«, parierte ich den freundlich gemeinten Vorwurf und bestellte mir Rinderroulade mit Klößen und Rotkohl.

Das Spiel begann, sofort fing das Berliner Gemotze an. Ich musste grinsen: In Berlin angemotzt zu werden ist die höchste Auszeichnung. *So sind sie, die Berliner*, dachte ich und hatte Spaß daran.

Ich verfolgte das Spiel, aß dabei ganz langsam meine Roulade. Normalerweise bin ich ein Schnellesser, ich bekam jedoch beim Essen Magendrücken, weil ich an fester Nahrung nicht mehr gewöhnt war.

Ich bestellte mir ein weiteres Pils, dann noch eins und noch eins. Je mehr Bier ich konsumierte, desto mehr verschwand der Dämon. Dann war er weg, plötzlich verschwunden. Ich schüttete Bier in mich hinein wie nie zuvor, war ausgelassen, ein anderer Mensch. Ich blühte auf, fachsimpelte über Fußball, Handball – so ziemlich alles. Nur bei Politik hielt ich mich zurück.

Völlig unerwartet läutete Gerdi, der Wirt vom *Knabel*, die Glocke: »Letzte Runde!«

Es war mittlerweile ein Uhr nachts und ich total besoffen. Ich bezahlte, trank zum Abschied noch einen Grappa, zog meine Jacke an und wankte Richtung Wohnung.

Der Dämon war verstummt. Er war verschwunden aus meinem Leben.

Vor der Post stand ein Taxi. Ich steuerte es spontan an, ließ mich zum Stuttgarter Platz chauffieren: Da gab es eine Kneipe, die 24 Stunden geöffnet hatte.

Ich trank dort hastig weiter Bier, zwischendurch Grappa. Ich füllte mich gnadenlos ab. Mit anderen Menschen sprach ich nicht. An den Dämon dachte ich auch nicht mehr.

Mittlerweile war es sieben Uhr morgens. Ich bezahlte, schlingerte aus der Kneipe, direkt gegenüber zum Bankautomaten, hob dort 500 Euro ab, stolperte weiter zur Tankstelle nebenan und erwarb eine Flasche Gin, dazu ein paar Flaschen Bier zum Nachspülen.

Ich setzte mich in einen Park und trank weiter, bis ich umfiel.

Es muss gegen Mittag gewesen sein, als mich eine Frau weckte: »Hau ab, du Penner. Hier spielen Kinder!«

Ich verschwand wortlos, zog mit der S-Bahn nach Kreuzberg weiter. Erwarb wieder eine Flasche Schnaps, suchte mir eine ruhige Hinterhausecke und ließ mich weiter schonungslos volllaufen.

Schlafen. Saufen. Schlafen. Saufen. – Das war von nun an meine Tagesbeschäftigung. Mich zog es in den Norden Berlins, weit von meinem Zuhause entfernt.

***

Schließlich wurde das Bargeld knapp. An meine EC-Karte dachte ich nicht mehr, erwarb von nun an meinen Schnaps bei *ALDI*. Ich suchte mir immer ruhige Hinterhausplätze, wo mich niemand finden konnte. Wenn ich verscheucht wurde, fand ich umgehend einen anderen Platz. Ich wollte keine Menschen sehen, pisste mir in die Hosen, kackte mich ein. Ich war völlig heruntergekommen. Nachts schlief ich in Vorräumen von Banken, da war es warm. Ich wusste die Uhrzeit nicht mehr, auch nicht, welcher Tag war. Mein Handy war abgeschaltet, ich war außer Betrieb. Außer Kontrolle. In einer anderen Welt gelandet.

Als Rassist abgestempelt, hatte ich vom Leben nichts mehr zu erwarten. Warum sich Mühe geben und kämpfen? Es ging doch auch so. Also soff ich weiter. Tag und Nacht nur harten Alkohol. Ich stürzte und zog mir eine üble Schürfwunde im Gesicht zu. Ich war inzwischen auf Cognac umgestiegen, der wirkte schneller und brachte mich tiefer ins Delirium. Ich muss bestialisch gestunken haben. Von der Suchaktion, die Carola in Auftrag gab, bekam ich nichts mit. Ich war weit entfernt von unserem Kiez.

***

Jemand trat heftig gegen meine Füße. Ich wachte auf. Zwei Securitys standen vor mir.

»Verzieh dir, du Penner! Das ist eine Bank, nicht die Bahnhofsmission!«

Ich wollte aufstehen, kam aber nicht hoch.

Der andere meinte: »Das ist doch kein üblicher Penner. Sieh dir mal die Kleidung an, das war mal teuer. Ruf besser mal die Polizei.«

Ich schlief wieder ein.

Dann bekam ich mit, wie mich zwei Polizisten mit Handschuhen an den Händen durchsuchten und mein Portemonnaie fanden. Sie nahmen meinen Ausweis heraus. Ein Polizist telefonierte. Ich wurde in den Streifenwagen verfrachtet. Es war dunkel draußen.

Der Streifenwagen stoppte, die Polizisten trugen mich eine Treppe hinauf: Plötzlich stand Carola vor mir.

Ich muss zu Hause sein, dachte ich noch.

Sie nahm mich in ihre Arme, mich stinkendes besoffenes Etwas. Sie weinte so bitterlich, ergriff meinen Kopf, richtete ihn auf und sah mir tief in die Augen: »Endlich bist du wieder zu Hause. Ich hatte so eine Angst um dich!«

Sie zog mich aus und unterzog mich wieder einer Waschaktion. Diesmal noch intensiver. Ich war völlig heruntergekommen, voller Kot und Urin. Sie rasierte mich vorsichtig, cremte mich von unten bis oben ein, packte mich in einen warmen Frotteeschlafanzug und brachte mich ins Bett.

Sie legte sich neben mich, packte meinen Kopf auf ihren Bauch und streichelte meine Wange. »Jetzt lasse ich dich nicht mehr aus den Augen, mein Süßer!«

Es war der 8. November 2018.

Kapitel 7 – Der Weg zurück

Von den nächsten Tagen bekam ich nicht viel mit. Ich war müde und kraftlos, schlief nur, redete nicht viel. Nur dass Carola zu Hause war, bekam ich mit. Sie musste sich von der Schule abgemeldet haben. Sie brachte mir morgens Frühstück ans Bett und kochte mir Gemüsesuppe; ich sollte Kraft tanken. In den ersten Tagen wusch sie mich morgens, danach musste ich mich unter ihrer Anleitung selbst waschen.

Nach und nach kam ich wieder zu mir. Ich schämte mich. Ich schämte mich so sehr, dass ich am liebsten im Boden versunken wäre. Und die Sorgen, die ich Carola bereitet hatte … *Was bin ich nur für ein Mensch?*, fragte ich mich. Sie hatte mir nicht ein einziges Mal einen Vorwurf gemacht, nie meine Unschuld infrage gestellt, mit keinem Wort. Nie. Und ich machte so was …!

Je mehr ich zu mir kam, desto intensiver meldete sich der Dämon zurück. Was nun? Er hatte mich wieder in seiner Gewalt.

Am 16. November erzählte ich Carola davon: Wie mich dieses Biest verfolgte, mir ein schlechtes Gewissen einredete, mich in den Augen der Welt als Rassisten abstempelte. Wie er mich auffraß und mir Tag und Nacht das Leben zur Hölle machte. Und dass ich ihn einfach nicht loswurde, so sehr ich mich auch bemühte.

Sie legte meinen Kopf in ihren Schoß und streichelte ihn. Sie wusste, dass mir das Ruhe gab. Dann fing sie an zu reden – leise, einfühlsam und ruhig, wie es ihre Art ist. Sie erzählte von unseren gemeinsamen Leben, von den kleinen aber wunderbaren Situationen, die wir so sehr liebten: Wie wir in der Küche anfingen zu tanzen, einfach so, weil wir unser Leben, unsere Gemeinsamkeit so sehr liebten. Und was wir schon alles gemeinsam geschafft hatten und welche Ziele wir noch hatten. Sie meinte, dass ich sicher nicht der einzige Mensch auf diesem Planeten sei, der schon mal in eine tiefe Krise geraten ist. Ich wäre doch aber immer ein Typ gewesen, der sich nicht unterkriegen ließ und immer eine Lösung parat hatte. Sie stellte jedoch klar, dass sie mir nicht helfen konnte, und fragte mich, ob es nicht besser sei, mir fachliche Hilfe zu holen.

Sie hatte recht. Ich versprach ihr, mich darum zu kümmern.

***

Gleich am Montagmorgen, es war der 19. November, rief ich Dr. Schellmann an. Er war mein Hausarzt, war schon lange bei ihm. Wir hatten ein lockeres Verhältnis, nicht die übliche distanzierte Arzt-Patienten-Beziehung. Seine Praxis war nur wenige Meter von unserer Wohnung entfernt.

Ich wählte seine Nummer, Schwester Anja meldete sich und erkannte mich sofort: »Na Benny, welche Schmerzen dürfen es denn heute sein?«

Normalerweise scherzte ich mit ihr am Telefon. Ich glaube, sie mochte meinen Humor und meine Schlagfertigkeit. Schwester Anja war mit Carola in einer Laufgruppe, sie gingen einmal in der Woche gemeinsam Joggen. Wir amüsierten uns jedes Jahr prächtig bei Weihnachtsfeiern der Laufgruppe. Da ging es immer hoch her, mit Schrottwichteln und so.

Ich sagte spontan: »Seelische Schmerzen, ganz schlimm! Ich weiß weder ein noch aus.« Dann berichtete ich ihr im Schnelldurchlauf, was ich durchgemacht hatte.«

Auf einmal war Ruhe auf der anderen Seite der Leitung. Es fühlte sich ewig an, wie die Pause in einer Warteschleife, nur ohne Musik. Dann entschied Schwester Anja: »Komm bitte. Sofort.«

Ich duschte hastig, zog mich an und trank noch schnell einen schwarzen Tee mit Kandiszucker. Mir schmerzte der ganze Körper – das Tempo war viel zu hoch für mich. Dieses abrupte Aufraffen und die Anspannung vor dem, was auf mich zukam, machten mich total schlapp.

Carola ging mit mir zusammen hin.

In der Praxis angekommen, führt mich Schwester Anja direkt in ein Behandlungszimmer. Carola setzte sich solange ins Wartezimmer.

Schwester Anja war ernst. Heute scherzten wir nicht. Sie hatte mir wohl angesehen, wie beschissen es mir ging. Ich fragte mich, ob seelische Schmerzen äußerlich sichtbar sind? Ich sah vor langer Zeit eine Fernsehsendung, in der es hieß, seelische Schmerzen seien die verborgenen Schmerzen des Körpers. Schmerzen, die man den darunter Leidenden nicht ansieht. *Die Macher dieser Sendung lagen falsch*, resümierte ich.

Schon kam Dr. Schellmann rein. Nicht im Eiltempo wie sonst, sondern langsam, fast behutsam. Er gab mir zur Begrüßung wie immer die Hand, setzte sich und wies sein Praxisteam an, bis auf Weiteres nicht zu stören: Er war offenbar von Schwester Anja vorinformiert.

Er blickte mir tief in die Augen: »Benjamin, was ist los? Wie geht es dir?«

»Schlecht, ganz schlecht«, entgegnete ich mit gesenktem Kopf, wie ein kleiner Junge, der zu seinem Vater zum Rapport musste. Ich konnte ihm dabei nicht in die Augen sehen und vermied Blickkontakt.

Ich erzählte ihm, dass ich wegen der Sache da sei, die ich ihm bei meinem letzten Besuch berichtet hatte. Er hatte mir ja daraufhin eine Verhandlungsunfähigkeit attestiert. Ich erzählte ihm alles: Von meinem Einstieg in der Firma, von Carolas und meinem Traum, endlich gemeinsam leben zu können. Was ich in der Firma geleistet hatte, wie ich dann vom Hof gejagt wurde und dass meine ehemalige Mitarbeiterin mir grundlos Rassismus vorwarf. Schließlich davon, dass ich völlig abgestürzt sei, keine Zuversicht mehr hätte, moralisch zerstört, mental erledigt wäre. Ich gestand, dass ich einen Dämon hatte, der mich ständig begleitete. Und dass ich mich schämte. Unendlich schämte. Ich flehte ihn an, mir zu helfen, weil ich mir selbst nicht mehr helfen könne.

Dr. Schellmann hörte geduldig zu. Mein Kopf war immer noch gesenkt. Ich schwitzte heftig, vor Aufregung lief mir kalter Schweiß den Rücken runter. Im Behandlungsraum war jetzt eine Stille wie in der Kirche, bevor der Pastor von der Kanzel spricht.

Er lehnte sich weit in seinen Sessel zurück und überlegte, verschränkte dabei die Arme hinter dem Kopf. »Also dann, Benjamin, reden wir Klartext: So sehr ich auch will, ich kann dir nicht helfen, weil ich für die Behandlung psychischer Erkrankungen nicht ausgebildet bin. Du musst sofort in psychotherapeutische Behandlung, wenn du wieder gesund werden willst.« Dann druckte er mir einen Überweisungsschein und ein Attest aus.

Im Überweisungsschein stand: *Folgen eines Mobbings mit ehrverletzenden Vorwürfen gegen seine Person. Sofortige psychotherapeutische Behandlung notwendig.*

Im Attest stand: *Aufgrund des Verlustes des Arbeitsplatzes durch fristlose Kündigung und dem Vorwurf der Fremdenfeindlichkeit ist Herr Benjamin von Thaysens in eine schwere Depression verfallen. Dies mündet in einem Burn-out, der die Bewältigung des Lebensalltags hochgradig beeinträchtigt. Eine sofortige Psychotherapie ist dringend notwendig.*

Jetzt hatte ich die Diagnose. Schwarz auf weiß. Klar, ich hatte schon von Mobbing und Burn-out gehört, auch gelesen, es aber immer heruntergespielt. Dass es so was wirklich gab, glaubte ich bisher nicht. So etwas existierte in meiner Vorstellung nicht. Was sollte das auch sein: Arbeitsüberlastung? Mentale Schwäche? Mangelnde Belastbarkeit? Ich las mir das Attest und die Überweisung noch mal durch, schaute Dr. Schellmann an und hatte auf einmal unbeschreibliche Angst um mein Leben. »Ist es wirklich so schlimm? Werde ich jemals wieder gesund?«

Dr. Schellmann antwortete mit ernster Miene: »Das ist massiv. Ich kann das nicht prognostizieren. Es gibt Menschen, die sich nie mehr davon erholen, es gibt aber auch Menschen, die wieder kerngesund werden. Wenn du wieder gesund werden möchtest, ist jetzt aber Eile geboten. Du musst sofort in Behandlung. Bist du bereit dazu?«

»Ja«, antwortete ich wie ein Schwerverletzter, den der Notarzt fragt, ob er ihn hören könne.

Dr. Schellmann stand auf und nahm einen weißen Aktenordner aus seinem Regal, öffnete ihn und begann nach einer Weile zu telefonieren. Er kannte offenbar Psychotherapeuten, die sich auf dieses Fachgebiet spezialisiert hatten. Er fragte nach kurzfristigen Terminen.

Zunächst blieb er erfolglos. »Gar nicht so einfach. Die sind oft ausgebucht. Aber keine Angst, ich habe noch ein paar Kontakte.«

Während er telefonierte, saß ich wie ein Häufchen Elend vor ihm. Nach weiteren Absagen wurde er schließlich beim ungefähr zehnten Telefonat fündig: Am 26. November um acht Uhr morgens sollte ich zu meiner ersten ambulanten therapeutischen Sitzung gehen. Zwei Stunden wurden dafür angesetzt. Das war in einer Woche. Früher ging es leider nicht.

Der Doc klopfte mir auf die Schulter, sprach mir Mut zu und brachte mich noch zu Carola ins Wartezimmer. Sie saß mit Schwester Anja zusammen und unterhielt sich.

Auf dem Weg nach Hause fragte mich Carola, wie es mir ginge.

»Seltsam«, antwortete ich. »Ich habe Angst vor dem, was kommt. Ich möchte wieder so werden wie vor dieser ganzen Scheiße, bin mir aber nicht sicher, ob ich es schaffe. Ich nehme aber auf keinen Fall Medikamente ein. Psychopharmaka machen die Leute noch kranker!«

»Du schaffst das, Benny. Wir schaffen das. Du musst nur für die Behandlung offen sein. Du musst alles erzählen, was dich bedrückt, und Vertrauen in die Sache haben, dann wird alles gut.«

***

In den nächsten Tagen blieb ich weiter zu Hause und sah mir Blu-rays von *Commissario Montalbano* an. Carola las, schmiss den Haushalt oder schaute mit mir gemeinsam fern. Sie wich nicht von meiner Seite – wie der Dämon; ich hatte zwei ständige Begleiter: einen guten und einen bösen.

»Wir machen das morgen so«, erklärte mir Carola sonntags beim Mittagessen: »Schwester Anja kommt morgen früh um halb acht zu uns und bringt dich zur Therapie. Ich gehe dann zur Schule. Sie holt dich um zehn wieder ab und bringt dich nach Hause. Ich komme diese Woche immer so gegen zwölf nach Hause. Stell in der Zeit bitte nichts an.«

Ich wollte widersprechen, aber Carola ließ nichts zu: »Das habe ich mit Schwester Anja so besprochen und festgelegt.«

Wahrscheinlich hatte Carola recht; meine labile Art benötigte eine intensive Betreuung.

***

Ich stand um sechs auf, putzte mir die Zähne, rasierte mich und duschte. Carola hatte mir alles bereitgelegt und Frühstück gemacht.

Ich zog mich an. Es fiel mir schwer, mich aufzuraffen. Ich merkte meine körperliche und mentale Erschöpfung. Selbst kleine Dinge fielen mir schwer. Dazu diese innere Anspannung bezüglich der Dinge, die da kommen sollten. Ich hatte ja keine Erfahrung damit, mir psychologische Hilfe zu holen, hatte mein Leben bis zu diesem Ereignis am 7. August 2018 immer fest im Griff gehabt. Ich bestimmte das Tempo und die Inhalte meines Lebens selbst. Und jetzt, auf ein Mal, brauchte ich fremde Hilfe, hatte mein Leben nicht mehr im Griff? Alles war aus den Fugen geraten.

Mich beschäftigte die Frage, wer Frauke Michel war, wer da gleich vor mir sitzen würde. Eine dieser Alternativen, die früher in einer Kommune lebten? Ein Hippie aus der 68er-Generation? Die zu allem etwas sagen konnte, ihre Erfahrungen aus der frühen Diskussionsbewegung einfach mittels Studium in ihr berufliches Leben übertrug? In allem etwas Gutes sah, so beschissen eine Situation auch sein mochte? Würde ich etwa gleich bei Tee und Holunderbrötchen esoterisch angehaucht? So jemanden sollte ich dann mein Leben anvertrauen? *Versteht die überhaupt, wie straight ich in der Vergangenheit mein Leben organisierte, meine Karriere hartnäckig verfolgte?* Ich war ein Manager, dem schnelle und präzise Entscheidungen abverlangt wurden und der kein langes Lamentieren gewohnt war.

Um 7.15 Uhr klingelte es an der Tür. Es war Schwester Anja. Sie kam noch kurz rauf in unsere Wohnung und trank mit Carola einen Kaffee. Ich suchte rasch einen Schreibblock und Kugelschreiber, packte dazu die Überweisung und das Attest von Dr. Schellmann ein.

»Auf gehts, Benny«, forderte mich Schwester Anja auf. »Lass uns losfahren.«

Auf dem kurzen Weg nach Steglitz sprach ich nicht, dachte auch an nichts. Ich war eher in eine Art Wachkoma verfallen. Wir hörten Musik. Es lief *Jump* von *Van Halen*. Gleich in der ersten Zeile des Textes heißt es: *Ich stehe auf und nichts bringt mich mehr runter.* Hatte Schwester Anja etwa das Stück, das jetzt auf *radioeins* lief, für mich bestellt?

An der Praxis angekommen, begleitete Schwester Anja mich ins Wartezimmer. Sie wartete, bis mich Frauke Michel abholte.

Und dann stand sie vor mir: meine erste Therapeutin. Ich war unsicher, wusste nicht, wie ich mich verhalten sollte.

Schwester Anja verabschiedete sich: »Bis später, Benny, ich komme um zehn und hole dich ab.« Dann verschwand sie. Ich ging mit Frauke Michel in ein Behandlungszimmer; keine Couch, kein Tee, keine Holunderbrötchen. Nicht mal Räucherstäbchen. Vor mir saß eine moderne Frau, ich schätzte sie auf Anfang bis Mitte 30, top gekleidet, mit positiver Ausstrahlung und einem freundlichen, sehr sympathischen Lächeln. *Ich lag so was von falsch*, dachte ich. Ich war einfach auf ein Klischee reingefallen.

Ich gab ihr meine Überweisung und das Attest. Sie las sich die Unterlagen durch, legte sie dann beiseite. »Erzählen Sie mal, was Ihnen Probleme bereitet«, meinte Frauke Michel und sah mir dabei fest in die Augen.

»Ich habe damit ein bisschen Probleme. Ich bin es nicht gewohnt, mich jemandem anzuvertrauen, den ich nicht kenne«, sagte ich spontan.

»Dann erzählen Sie mir, warum Ihnen das Probleme bereitet«, forderte sie mich auf.

Dann legte ich einfach los: Ich berichtete ihr, dass ich mein Leben bis zum siebten August völlig im Griff hatte und absolut selbstbestimmt war. Sicher lief nicht immer alles nach Wunsch, neunzig Prozent waren aber positiv …

Ohne dass ich es merkte, erzählte ich ihr absolut alles, es sprudelte geradezu aus mir heraus: von meiner Jugend, meinem beruflichen Aufstieg, wie zielgerichtet ich stets war und für alles eine Lösung hatte. Ich schilderte ihr meinen beruflichen Werdegang, erzählte von meinen Zielen und auch, wie ich Carola kennengelernt hatte. Wie wir zusammen lebten, von meiner Familie, meinem Vater, der früh starb, meiner Mutter, die uns kurz davor verließ und was in Augsburg passiert war, dass ich jetzt vor einem Scherbenhaufen stand, nicht mehr weiter wusste, schockiert darüber war, mich in Amihan Gellela so getäuscht zu haben, weil mich das erste Mal in meinem Leben mein Gespür für Menschen im Stich gelassen hatte. Und dass der bloße Gedanke an Karl Huber mich zur Weißglut brachte, dieser Typ, der mir im Nachhinein immer mehr wie ein Betrüger vorkam. Ich erklärte ihr, wie verzweifelt ich war, dass meine Firewall nicht mehr funktioniert hatte und dass ich deswegen nun plötzlich als Rassist dastand, obwohl da nicht das Geringste dran sei. Wie sehr es mich belastet, Opfer einer solchen Intrige zu sein, gegen die ich mich scheinbar nicht wehren konnte, weil ich zu spät und falsch reagiert hatte und es nun für mich keine Möglichkeiten mehr zu geben schien.

Frauke Michel hörte mir zu, machte sich zwischendurch Notizen. Ich schwitzte stark, hatte unter den Armen an meinem Oberhemd wieder einen riesigen Schweißkrater. Von der Stirn lief mir der Schweiß in Strömen herunter. Ich fühlte mich ausgepowert wie nach einem 5000-Meter-Lauf …

Dann klingelte ein Wecker. Die zwei Stunden waren um.

So schnell? Ich hätte doch noch so viel zu erzählen gehabt. Aber meine erste Therapieeinheit war beendet.

Frauke Michel brachte mich ins Wartezimmer und verabschiedete sich: »Bis morgen, ich freue mich auf Sie.«

Draußen wartete bereits Schwester Anja. Sie brachte mich nach Hause.

»Bitte bleib daheim, bis Carola kommt«, wies sie mich zum Abschied an. Ich sah, wie sie vor der Tür im Auto wartete, bis ich ins Haus ging.

Was war das jetzt?, fragte ich mich. *Ich saß bei einer fremden Frau und habe ihr zwei Stunden lang mein Leben erzählt. Was soll das bringen? Die ist 20 Jahre jünger als ich. Ich verfüge über viel mehr Lebenserfahrung. Wie will diese nette aber unerfahrene Frau mir denn helfen?*

All das erschloss sich mir noch nicht. Ich saß auf dem Sofa und dachte nach. Immerhin: Ich dachte darüber nach, wie Frauke Michel mir helfen wollte und nicht an Rassismus, Karl Huber oder Amihan Gellela. Ein erster Schritt …

***

Am nächsten Morgen folgte der gleiche Ablauf: Schwester Anja kam um 7.15 Uhr, trank mit Carola einen Kaffee und los ging es zur Therapie.

Dieses Mal fragte mich Frauke Michel, ob ich ein paar Tests machen könne. Ich willigte ein und füllte mehrere Bögen aus – einen *Multiple-Choice-T*est. Danach erzählte ich ihr von meinem Dämon, der mich ständig begleitete.

Sie fragte: »Haben Sie Selbstmordgedanken?«

»Nein! Nicht ein Mal gehabt«, schoss es aus mir heraus.

»Gut«, meinte sie, »dann erzählen Sie mir bitte von Ihrem Dämon.«

Ich berichtete ihr, wie dieser Dämon mich fertigmachte, Tag und Nacht, dass ich bestimmt wegen ihm abgestürzt sei, ihn aber im Alkoholdelirium nicht mehr wahrgenommen hatte. Dass er jetzt aber wieder da sei, mir erneut Tag und Nacht ein schlechtes Gewissen mache, mich zum Rassisten erkläre und ich einfach kein Mittel fände, ihn loszuwerden.

»Wann meldet sich der Dämon?«

»Immer wenn ich an die Sache denke, also fast den ganzen Tag über.«

»Welche Sache?«, hakte sie nach.

»Immer wenn ich an den Rassismus-Vorwurf denke.«

»Ach so ... nicht die Kündigung allein ist es, sondern die Kündigung in Verbindung mit dem Rassismus-Vorwurf?«

»Ja, so ist es«, bestätigte ich.

Dann klingelte wieder der Wecker. Die nächste Stunde war zu Ende.

Schwester Anja brachte mich nach Hause.

Als Carola gegen zwölf nach Hause kam, fragte sie mich, wie es war.

»Ich habe Frauke Michel alles erzählt, auch von meinem Dämon. Das war gar nicht so einfach, einzugestehen, dass ich einen an der Waffel habe«, erzählte ich ihr.

»Du hast keinen an der Waffel. Menschen kann man ignorieren, Gedanken oft nicht. Vertraue auf Frauke Michel, dann wird alles gut.«

***

Mittwoch und Donnerstag verliefen nach dem gleichen Muster. Schwester Anja brachte mich zur Therapie und ich erzählte Frauke Michel weiter von meinem Leben, meinen Ängsten, meinen Sorgen. Dass ich immer noch nicht die Wohnung verlassen würde, außer zur Therapie bei ihr. Vor allem, dass mir dieser Rassismus-Vorwurf zu schaffen mache. Mich bewegte, was jemanden – eigentlich waren es ja zwei: Karl Huber und Amihan Gellela – dazu veranlasste, frei erfundene Vorwürfe zu erheben. Einfach so. Grundlos.

Mir fiel auf, dass mir dieser Rhythmus guttat, wenigstens zwei Stunden am Tag einen gesicherten Ablauf zu haben.

***

Am Freitag, gleich zu Beginn der Therapiestunde, fragte mich Frauke Michel, ob ich mit ihr die Ergebnisse der Tests und die Diagnose besprechen wolle. Ich willigte ein, hatte jedoch ziemliche Angst davor.

Ich fragte sie, ob ich wieder gesund werden würde.

»Wenn Sie mitmachen und die Ziele verfolgen, die wir vereinbaren, werden Sie wieder gesund. – Gesund insofern, dass wir gegen Ihre Gedanken und Ängste Gegenmittel erarbeiten, die Ihre schlimmen Gedanken zerstreuen. Diese schlimmen Gedanken vollständig loszuwerden, kann allerdings länger dauern, vielleicht mehrere Jahre. Sie werden allerdings damit leben können, weil Sie eine starke Persönlichkeit haben«, sagte sie offen und ehrlich. »Ich habe Ihnen die Diagnose aufgeschrieben, damit Sie etwas für sich in der Hand haben, vielleicht brauchen Sie sie ja noch mal.«

Anfangs verstand ich nicht, wofür ich die Diagnose noch mal gebrauchen könnte, später schon.

»Lesen Sie sich alles in Ruhe durch, dann besprechen wir Ihre Fragen dazu.« Sie gab mir das Blatt.

Diagnose/Befund für
Herrn Benjamin von Thaysens:

Der Patient Benjamin von Thaysens befindet sich seit dem 26.11.2018 in ambulanter psychotherapeutischer Behandlung …
Auslöser war der Vorwurf rassistischen Verhaltens am Arbeitsplatz, der plötzlich und ohne Klärungsmöglichkeiten in den Raum gestellt und von einer sofortigen Kündigung begleitet wurde. Der Vorwurf stand in starkem Gegensatz zu den Wertvorstellungen des Patienten, der in Folge eine Zwangserkrankung und eine depressive Episode entwickelte. Anamnestisch gab es vorher keine psychischen Erkrankungen, sodass vor dem Hintergrund der zeitlichen Übereinstim-

mung der Auslöser als kausal für das Störungsbild angesehen werden kann.

Die Symptomatik umfasst im Hinblick auf die Zwangsstörung unter anderem exzessives und repetitives Nachdenken über die Vorwürfe und die Situation über die meisten Stunden des Tages hinweg in Verbindung mit einer hohen emotionalen Belastung. Zudem tritt eine starke Vermeidungshaltung gegenüber bestimmten Hinweisreizen auf, die inhaltlich mit der Situation verknüpft waren, was zu einer erheblichen Einschränkung des Alltags führt. Die depressive Symptomatik beinhaltet starke Antriebslosigkeit, gedrückte Stimmung und Freudlosigkeit, Selbstzweifel, Gereiztheit und Zukunftsängste.

Anfangs verstand ich kein Wort, wusste nicht, was ich mit dieser Diagnose anfangen sollte. Ich sah Frauke Michel fragend an.

Dann erläutere Sie mir kurz und prägnant, woran ich litt: »Sie sind geprägt durch ein hohes Maß an Wertvorstellungen, liegen damit sicher weit über dem Durchschnitt einer normalen Wertenorm. Werte scheinen Ihnen im Leben besonders wichtig zu sein. Ihre Persönlichkeit ist ebenso besonders ausgeprägt, richtet sich aber auch stark an Ihren Werten aus. Sie mögen keine Ungerechtigkeiten, egal um was es sich handelt. Jetzt fühlen Sie sich ungerecht behandelt. Nicht weil Ihnen gekündigt wurde, das scheinen Sie Ihren Ausführungen nach einkalkuliert zu haben. Sie sagten zu mir: *Je höher man in der Karriereleiter steigt, desto eher kann es passieren, dass man auch mal entlassen wird.* Die Art und Weise, nämlich mittels einer Intrige mit dem Rassismus-Vorwurf, der diametral zu Ihren Wertvorstellungen liegt, hat Sie aus der Bahn geworfen, weil es so was in Ihren Wertvorstellungen nicht geben kann und darf. Und dass wiederum erzeugt bei Ihnen gerade eine, sagen wir mal unterdurchschnittliche Einstellung zum Leben. Mit anderen Worten: Sie können sich zu nichts aufraffen, weil Sie von anderen maßlos enttäuscht wurden.« Dann fragte Frauke Michel: »Wollen wir nach der Therapiestunde zum Asiaten gehen? Eine Kleinigkeit essen? Ich lade Sie ein.«

»Niemals«, setzte ich ihr vehement entgegen.

»Sehen Sie? Das ist die sogenannte Vermeidungshaltung gegenüber bestimmten Hinweisreizen. Sie igeln sich ein, weil Sie nicht mehr wissen, ob Ihr Wertekompass noch funktioniert, ob Sie wirklich ein Rassist sind. Ich sage Ihnen: Sie sind es nicht. Definitiv. Wir werden daran arbeiten, Ihren Wertekompass wieder zu justieren. Einverstanden?«

»Ja. Einverstanden«, sagte ich kleinlaut.

Jetzt wusste ich, woran ich litt: Ich wollte nicht mehr raus, weil ich Angst vor Begegnungen mit Menschen anderer Herkunft hatte. Natürlich saß auch der Stachel noch tief, wie ich von meinem ehemaligen Arbeitgeber aus dem Unternehmen katapultiert wurde. Von nun an ging es jedoch nicht mehr darum, Probleme zu wälzen, sondern sie aktiv zu bewältigen. Ich musste, wie Frauke Michel noch anfügte, ins Leben zurück integriert, wieder eingegliedert werden.

Ich bekam Hausaufgaben von ihr auf: Ich musste für die nächste Therapiestunde am Montag aufschreiben, wo ich in der Vergangenheit gerne hinging, an welchen Orten ich mit Menschen anderer Herkunft – egal woher sie stammten – zusammen kam.

***

In Berlin nicht mit Menschen anderer Herkunft zusammenzutreffen, ist sowieso schwer, deswegen verlagerte ich meine Liste zunächst auf meine Freizeitaktivitäten: Restaurants und so. Also setzte ich mich am Sonntagvormittag hin und erstellte eine Liste: *Antonino*, unser Kiez-Italiener, die *Trattoria Bologna* gegenüber von *McFIT*, *Luisana*, der Portugiese, *Arazan-Cut*, mein arabischer Friseur, *Peking*, dass asiatische Restaurant, und natürlich *McFIT*, wo ich meinen Körper in Schuss hielt. Dann war da noch Jacek, der polnische Ehemann einer guten Bekannten von Carola und mir. Je länger die Liste wurde, desto mehr merkte ich, wie ich diese Orte und

Menschen in letzter Zeit gemieden hatte, mir war schon bei dem Gedanken unwohl, diese Orte und Menschen aufzusuchen.

***

Schwester Anja trank wie gewohnt einen Kaffee mit Carola und chauffierte mich am Montagmorgen in die Praxis. »Wie läuft es bei dir, Benny? Bist du zufrieden mit Frauke Michel?«

»Ja, sehr«, murmelte ich. Ich ging das erste Mal auf einen Dialog mit Schwester Anja auf der Fahrt zur Praxis ein. »Es scheint so, dass Frauke Michel mein Problem jetzt kennt. Mal sehen, wie es weitergeht. Ich bin echt schlapp. Hätte nie gedacht, im Leben nichts mehr auf die Reihe zu bekommen.«

»Nur die Ruhe, setz dich nicht zu sehr unter Druck. Carola, Dr. Schellmann und ich sind alle an deiner Seite. Der Doc erkundigt sich jeden Tag nach dir. Wenn was ist, sag es mir. Wenn ich dir helfen kann, mache ich das gerne. Du musst es mich nur wissen lassen. Du kannst offen mit mir reden.«

»Ich weiß. Hoffentlich kann ich das irgendwann wieder gut machen.« Mir war nicht wohl dabei, mich anderen derart auszuliefern, ich hatte aber keine andere Möglichkeit.

»Du musst nichts bei mir gutmachen. Alles ist in Ordnung.«

Frauke Michel begrüßte mich, wie immer freundlich, mit einem Lächeln. Ich fragte mich, wie man nur so entspannt und ruhig bleiben konnte, wenn man sich den ganzen Tag mit Sorgen und Nöten anderer beschäftigte.

»Haben Sie etwas für mich mitgebracht?«

»Ja, ich habe ein paar Orte und Menschen aufgeschrieben, bei denen ich lange nicht mehr war. Ich bin ja nirgendwo mehr hingegangen. Alle haben mehr oder weniger ausländische Einflüsse. Was soll ich jetzt damit machen?«, erkundigte ich mich nichts ahnend bei ihr.

»Womit wollen wir starten? Ich schlage vor, Sie starten mit dem Ort oder der Person, bei der es Ihnen am leichtesten fällt, mit der Sie ein lockeres Verhältnis haben.«

»Was soll ich denn machen?«, fragte ich.

»Na, dort hingehen, Sie sollen sich zeigen. Nach und nach, behutsam und vorsichtig, sich selbst dabei nicht überfordern. Ich möchte, dass Sie Ihre Blockade überwinden.«

»Wie jetzt, ich soll einfach dahin gehen, als ob nichts gewesen sei?«

»Als ob nichts gewesen sei, wird nicht funktionieren, aber sie könnten sich annähern, ganz langsam, wie eine Katze, die unbemerkt herumschleicht, um ihr Terrain zu erkunden.«

Also legte ich los. Ich war ja immer ehrgeizig – mein innerer Antrieb meldete sich langsam wieder zurück. Ich nahm mir vor, nach und nach den Schweinehund des Einigelns aktiv zu bekämpfen, fest entschlossen, mich zu reintegrieren. Ich konnte mich nicht weiter so hängenlassen wie die letzten Monate.

Die Gespräche mit Frauke Michel waren toll, sie hatte es tatsächlich geschafft, wieder Motivation in mir zu erzeugen; noch nicht so ausgeprägt wie vor dem 7. August 2018, aber sie kam häppchenweise wieder.

Mein erstes Ziel war Antonino: Ich war vorsichtig und befolgte den Rat meiner Therapeutin. Gegen Abend machte ich mich auf den Weg. Ich erzählte Carola, dass ich für eine halbe Stunde zu Antonino gehen würde, ein bisschen italienischen Aufschnitt und Käse kaufen. Carola schreckte auf, fragte mich, ob Sie mich begleiten solle. Ich erzählte ihr von dem Plan, den ich mit Frauke Michel aufgestellt hatte.

»Nimm aber bitte dein Handy mit«, forderte sie mich auf.

Ich nickte.

Zu Antonino waren es nur etwa 400 Meter. Auf dem Weg bekam ich Angst: Mein Dämon war bei mir und versuchte mir einzureden, dass ich ganz bestimmt ein Rassist sei und sicher negativ auffallen würde. Ich ignorierte ihn und ging zielgerichtet weiter.

Wie sehr ich diesen wunderbaren Duft in Antoninos Feinkostladen vermisst hatte: Es roch herrlich nach frischer Salami, Schinken und italienischem Käse. Ich saugte jeden einzelnen

Atemzug tief ein. Dann sah mich Antonino, kam auf mich zu und drückte mich herzlich, wie unter guten alten Freunden: »Wo warst du so lange? Wie lange haben wir uns nicht gesehen? Setz dich, ich hol dir einen Cappuccino.«

»Nein, nein, keine Zeit. Carola wartet. Ich wollte nur schnell ein bisschen einkaufen. Machst du mir etwas Aufschnitt und Schinken fertig? Und Käse? Wie immer ...«

»Si! Ich stelle dir etwas Schönes zusammen.« Antonio machte sich sofort an die Arbeit. Er wusste, was Carola und ich mochten.

»Arrivederci, liebe Grüße an Carola, sie war auch lange nicht mehr hier. Wann kommst du wieder?«, fragte er, als ich bezahlte.

»In den nächsten Tagen«, versprach ich und ging.

Geschafft! Meine Anspannung ließ nach, mein Puls erholte sich langsam.

Auf dem Weg nach Hause klingelte mein Handy. Carola wollte wissen, ob alles in Ordnung sei.

***

Am nächsten Morgen besprach ich mit Frauke Michel, wie es mir bei meinem ersten Reintegrationsversuch ergangen war: »Ich hatte ein komisches Gefühl. Als Antonino mich umarmte, hingen meine Arme lasch am Körper herunter.

Nicht dass mir seine warmherzige Art nicht guttat, vielmehr hatte ich Angst, eine falsche Geste zu machen, ein falsches Wort zu sagen. Irgendetwas Unbedachtes. Ich wog jedes Wort ab, war im Ganzen wohl auch nur zehn Minuten bei ihm.«

»Das haben Sie toll gemacht, unseren Plan sofort umgesetzt«, lobte Frauke Michel mich.

Dann sprachen wir den Rest der Therapiestunde darüber, wie ich mich fühlte, was ich dachte und wie es weitergehen sollte.

»Üben, üben, üben«, ermunterte sie mich.

Ich war ein wenig stolz auf meine mutige erste Handlung. Mich beschäftigte aber noch ein anderer Punkt. Ich fragte Frauke Michel: »Wie kann man Menschen wie Amihan Gellela erkennen oder entlarven? Die lügen, betrügen, intrigieren? Es muss doch eine Möglichkeit geben, so was frühzeitig herauszufinden? Ich will nicht noch einmal auf so jemanden hereinfallen!«

»Das ist schwierig bis unmöglich«, ernüchterte Frauke Michel mich. »Diese Menschen haben darin ein lebenslanges Training. Bei denen verschwimmen Lügen und Wahrheiten ineinander. Die können erfahrene Psychologen und Gutachter austricksen und wissen oft selbst nicht mehr, was erfunden ist und was nicht. Die bauen ihr ganzes Leben darauf auf. Manchmal kommt es nach einer gewissen Zeit raus, wie bei Ihnen, dann flüchten sie in ein neues Abenteuer oder zetteln Intrigen an. Oft kommt es gar nicht heraus. Ich kann Sie aber beruhigen; ich schätze, in ganz Berlin gibt es nur eine Person, die so ist. Auf diese eine Person zu treffen, ist sehr unwahrscheinlich. Ihnen ist das passiert, aber rein statistisch gesehen wird Ihnen das nicht noch mal passieren. Der Blitz schlägt nicht zweimal an derselben Stelle ein.«

»Na prima. Diese Spezies hat also Seltenheitswert und gerade ich muss auf eines dieser Ekelpakete treffen. Was habe ich verbrochen? Warum gerade ich?«

»Man kann es als Pech bezeichnen, sehen Sie es einfach so. Eine andere Möglichkeit haben sie ohnehin nicht«, meinte Frauke Michel.

Beruhigend war das für mich nicht: Amihan Gellela würde also einfach weitermachen.

Nachdem Schwester Anja mich nach Hause gebracht hatte, setzte ich mich an den Esstisch und begann, mir einen Plan zu erstellen, wann ich wo zu welchem Zeitpunkt hingehen würde.

***

In den nächsten Tagen beließ ich es zunächst dabei, Antonino aufzusuchen. Jeden Tag. Immer einen kleinen Tick mutiger. Immer abends gegen 18.00 Uhr, da war es nicht mehr so voll bei ihm. Ich wagte mich täglich einen Schritt weiter. Anfangs trank ich nur schnell einen Cappuccino bei ihm draußen an den Stehtischen oder kaufte lediglich ein. Später setzte ich mich in seine *Salumeria*, immer am selben Tisch in der äußersten Ecke, um über das Geschehen einen Überblick zu haben. Nach einer gewissen Zeit fasste ich wieder Vertrauen und unterhielt mich mit Antonino oder philosophierte mit seinem Angestellten Andrea, einem leidenschaftlichen Fan vom *AC Milano*, über Fußball. Ich gewann langsam wieder Zutrauen, ging Dialoge ein. Wir foppten uns wie in alten Zeiten über unsere Lieblingsvereine: er *AC Milano*, ich *Hamburger SV*. Wir waren ob der Leistungen unserer Vereine beide leidgeprüft, wie wir übereinkamen. Ich unterhielt mich mit Antonino und Andrea schließlich über alle möglichen Themen: Essen, Kochrezepte, Fußball, Bienenzucht, unsere Frauen – nur das Thema Politik vermied ich wie der Teufel das Weihwasser. Darüber wollte ich nicht reden.

Kapitel 8 – Etappensieg I

Dr. Zichon rief mich am 21. Dezember 2018 an. Ich sah, wie sein Name auf dem Display aufleuchtete. Was wollte er von mir? Mir schöne Weihnachten wünschen? Sich erkundigen, wie es mir ging? Nachdem ich von Dr. Schellmann für den ersten Gerichtstermin aufgrund meiner Erkrankung für verhandlungsunfähig erklärt wurde und ein zweiter Termin vor dem Arbeitsgericht Augsburg ebenfalls aufgehoben wurde, weil Dr. Zichon verhindert war, wurde der nächste Gerichtstermin für den 18. Januar 2019 angesetzt. Eigentlich gab es nichts zu klären. Mir war es ohnehin momentan wichtiger, mich intensiv um meine Genesung zu kümmern, statt mich mit Karl Huber und Amihan Gellela herumzuschlagen.

Doch es kam anders – viel besser für mich:

Er erkundigte sich erst, wie es mir ginge, wie der Stand meiner Genesung sei und ob ich mich wenigstens ein bisschen auf Weihnachten freuen könne. Dann fragte er: »Haben Sie Interesse an einem gerichtlichen Vergleich?«

Der Anwalt der Gegenseite hatte ihn am Morgen angerufen und sich danach erkundigt.

»Wie kommt es zu dem Sinneswandel auf der Gegenseite?«, fragte ich ihn.

»Wie ich bereits sagte: Die haben nichts gegen Sie in der Hand, außer ein paar wirren Vorwürfen. Es ist nichts belegbar und bezeugbar, was Sie gegenüber Amihan Gellela geäußert haben sollen. Zudem haben die einen Fehler bei der Betriebsratsanhörung und -information gemacht. Ich denke, der Anwalt der Gegenseite wird Karl Huber darüber aufgeklärt haben, dass er bei der Gerichtsverhandlung im Januar haushoch verlieren würde.«

»Eigentlich habe ich kein Interesse an einer Einigung. Ich will in die Gesichter derer schauen, die mir das alles angetan haben. Wenn eine Einigung zustande kommen soll, dann nur zu meinen Bedingungen. Das können Sie der Gegenseite ausrichten.«

»Einverstanden! Dann lassen Sie uns jetzt die Bedingungen besprechen, die ich in Ihrem Namen stellen werde.«

»Geben Sie mir zwei Stunden Zeit«, bat ich. »Ich mache mir Gedanken und maile Ihnen alles zu.«

Ich setzte mich gleich hin und verfasste eine Liste mit saftigen Forderungen, die zu erfüllen seien, damit ich einem Vergleich zuzustimmen würde: Da dass Arbeitsverhältnis nicht mehr zu kitten war, stellte ich die Bedingung, es zum 31. März 2019 durch Eigenkündigung aufzulösen und mir bis dahin mein Gehalt anstandslos zu zahlen – inklusive der letzten Monate sowie meine Tantiemen in voller Höhe, dazu eine Abfindung. Bei der Abfindungshöhe preiste ich ein Schmerzensgeld ein, sodass ein gewaltiger Betrag zustande kam. Ich stellte die Forderung, bis zur Beendigung meines Arbeitsverhältnisses freigestellt zu werden. Weitere Bedingung war, ein qualifiziertes Arbeitszeugnis nach meiner Vorlage zu erstellen und dem Vergleich anzuhängen. Außerdem sollten die Vorwürfe gegen mich zurückgenommen werden, weitere negative Äußerungen über mich waren natürlich zu unterlassen. Dazu formulierte ich noch ein paar Pro-forma-Aspekte wie die Feststellung der ordnungsgemäßen Rückgabe aller Arbeitsmittel sowie meines Firmenwagens. Ich schrieb Dr. Zichon dazu, dass diese Konditionen meine Ultima Ratio und nicht verhandelbar seien, und schickte die Mail ab.

Eigentlich hätte ich mich jetzt wieder ausruhen müssen, die Anspannung in mir war riesig; ich war fix und fertig. Die Bearbeitung hatte Wunden wieder aufgerissen, die ich mühsam mit Frauke Michel geschlossen hatte, auch der Dämon witterte wieder eine Chance. Aber dieses Mal wollte ich mich nicht beugen, mich nicht erneut runterziehen lassen. Also kramte ich spontan meine Sportsachen raus, zog mich um, fuhr in den Grunewald und ging 45 Minuten Joggen. Ich trieb das erste Mal seit dem Ereignis Sport. Das tat gut!

Zurück vom Sport empfing mich Carola gleich an der Haustür: »Dr. Zichon hat angerufen. Ich soll dir ausrichten, er hätte deinen Forderungskatalog umgehend weitergegeben und die

Gegenseite sei auf alles eingegangen. Sie hätten allem zugestimmt. Du sollst ihn bitte umgehend zurückrufen.«

Ich ließ mir Zeit, duschte erst, machte mich zurecht.

Dann rief ich Dr. Zichon an.

»Die Gegenseite hat allem zugestimmt«, sagte er begeistert. »Ihr Kündigungsschreiben habe ich schon erstellt. Sie müssen mir jetzt das Zeugnis schreiben, das sie haben wollen. Ich verfasse gerade den Vergleich für das Arbeitsgericht. Können Sie das Zeugnis sofort fertigmachen? Ich würde es gerne als Anlage zum Vergleich hinzufügen, wie auch das Kündigungsschreiben.«

»Natürlich, das kann ich gleich machen und Ihnen mailen.«

»Gut, dann bis später.«

***

Der Vergleich inklusive Kündigungsschreiben und Zeugnis ging zur Freigabe an die Gegenseite, dann zum Gericht. Noch vor Weihnachten war die Angelegenheit erledigt – vorbehaltlich der richterlichen Bestätigung, was laut Dr. Zichon lediglich ein Verwaltungsakt wäre.

Alles an einem Tag. Karl Huber, dieser Schmarotzer, musste mächtig bluten. *Geschieht ihm recht*, dachte ich.

Doch die Angelegenheit war für mich damit noch nicht erledigt. Es gab ja noch Amihan Gellela, die aus meiner Sicht die Verursacherin dieser Schmierenkomödie war. Gerade durch ihr Verhalten war ich so schwer erkrankt. Sie sollte nicht so einfach davon kommen, schwor ich mir!

***

Es war Weihnachten. Meine Angelegenheit mit meinem Arbeitgeber, er war es ja noch bis zum 31. März 2019, war erledigt. Carola und ich begannen mit den Vorbereitungen für das Fest. Wir hatten uns vorher noch um nichts gekümmert, meine Genesung stand im Mittelpunkt. Carola besorgte nun einen Weihnachtsbaum und erledigte die Einkäufe, ich brachte unsere Wohnung in Schuss.

Wir verbrachten Heiligabend traditionell bei ihrer Mutter, am ersten Weihnachtstag kam sie dann zu uns. Den zweiten Feiertag verbrachten wir immer alleine; auch dieses Mal.

Trotz der ganzen Schwierigkeiten hatten wir schöne Weihnachten. Carola und ihre Mutter gaben sich besondere Mühe, schien mir, alles harmonisch zu gestalten. Meine Schwiegermutter kannte die Ereignisse und alle Einzelheiten. Sie, Schwester Anja und Dr. Schellmann waren neben Carola die Einzigen, die von allem wussten. Heiligabend hatten Carola und ich uns mit Schwester Anja und Dr. Schellmann vormittags bei Antonio auf ein Glas Wein getroffen. Carola hatte für jeden ein Geschenk besorgt: für Schwester Anja einen Gutschein von Douglas und einen prächtigen Blumenstrauß, Dr. Schellmann bekam eine gute Flasche Wein und Antonino Zubehör für seine Imkerei, die er seit zwei Jahren betrieb. Antonino war der Einzige, der nicht wusste, warum wir ihm etwas schenkten. Er hatte ja keine Ahnung von all den Ereignissen. Ich war ihm jedoch zu Dank verpflichtet, denn er half mir sehr, ohne es zu wissen.

***

Nach Weihnachten ging es mit meiner Therapie weiter. Am 27. Dezember hatte ich wieder einen Termin bei Frauke Michel, wie zuvor ging es weiter, täglich von acht bis zehn Uhr. Ich berichtete ihr von der Einigung mit meinem Arbeitgeber.

»Wie fühlen Sie sich dabei?«, fragte sie mich.

»Gut. Sehr gut! Dieses Problem habe ich nun erledigt. Ich fühle mich als Gewinner! Die mussten alles zurücknehmen. Jetzt möchte ich mich weiter intensiv um meine Reintegration kümmern. Später dann, wenn das Arbeitsverhältnis abgewickelt ist, rechne ich mit Amihan Gellela ab. Da ist noch eine offene Wunde, die ich schließen muss. Koste es, was es wolle!«

»Okay, was möchten Sie jetzt in Angriff nehmen?«

»Ich möchte gern zum Friseur, zu meinem Friseur, von dem ich Ihnen erzählt habe. Carola bat mich gestern darum, weil ich aussehe wie ein Rockstar, mit meinen langen Haaren.«

»Prima. Gehen Sie alleine hin? Es sind ja Araber, das ist was anderes als Antonino. Eine ganz andere Kultur. Schaffen Sie das?«

»Ich versuche es. Ich denke, ich frage Carola oder Schwester Anja, ob mich eine der beiden begleiten kann. Nur für den Fall, dass etwas Schlimmes passiert.«

»Was soll denn passieren?«, hakte Frauke Michel nach.

»Ich bin unsicher ... Wenn der Dämon zu stark wird, laufe ich vielleicht weg. Ich kenne mich. Ich bekomme Angst und Beklemmungen. Wenn mich jemand begleitet, fühle ich mich sicherer.«

»Dann machen Sie es so, wenn Sie sich so sicherer fühlen«, bestärkte sie mich. »Was haben Sie mit Amihan Gellela vor? Sie deuteten vorhin etwas an.«

»Weiß ich noch nicht. Ich möchte die Angelegenheit so nicht im Raum stehen lassen, es beschäftigt mich zu sehr. Sie war hinterhältig, hat meine Gutmütigkeit ausgenutzt, mich mit Dreck beworfen. Mich einen Rassisten genannt. Unwahrheiten über mich verbreitet!«

»Das halte ich für richtig. Sie müssen am Ende mit allem abschließen können. Da darf nichts im Raum stehen bleiben. Das ist wichtig für Ihre Genesung!«, bestärkte sie mich erneut.

Auf der Rückfahrt von der Therapie fragte ich Schwester Anja, ob sie mich morgen zum Friseur begleiten könne. Carola hatte bis zwölf Schule und konnte so früh nicht.

»Ich rufe dich später an, Benny, ich muss das vorher mit dem Doc klären und eine Vertretung suchen. Ich denke aber nicht, dass es Probleme geben wird.«

Nachmittags bestätigte Schwester Anja mir den Termin. Ich rief Pheka, meinen arabischen Friseur an und avisierte mich für den nächsten Tag um 10.30 Uhr. Er bestätigte mir den Termin.

***

Als wir von der Therapie zu Pheka fuhren, war mir nicht wohl. »Wollen wir den Termin verschieben? Ich bin mir nicht sicher, ob ich das schaffe«, sagte ich zu Schwester Anja.

»Benny, das ist deine Entscheidung. Du musst es so machen, wie du dich am wohlsten fühlst.«

»Wir drehen um!« – »Nein doch nicht … Ach, ich weiß es nicht. Ich habe tierische Angst. Nicht vor Pheka und seine arabischen Kollegen, die sind ja alle superlieb. Ich habe Angst vor der Situation … Und wenn ich etwas Falsches sage?«

»Was hältst du von folgendem Vorschlag: Neben Phekas Friseurladen ist doch ein Café. Wollen wir uns langsam annähern? Wir gehen einen Kaffee trinken und dann entscheidest du, ob du soweit bist. Einverstanden?«, schlug Schwester Anja vor.

»Okay«, bestätigte ich ihren Vorschlag.

Wir saßen im Café, tranken Kaffee. Dann kam Pheka rein, um sich auch einen Kaffee zu holen: »Hallo Benny, lass dich drücken! Du siehst ja hammermäßig aus. So lange Haare … und die willst du abschneiden? Schade!« Pheka ist ziemlich abgefahren, er stylt sich wie Harald Glööckler: In Berlin sagt man über ihn, er sei ein Szenefriseur. »Komm bitte gleich mit, du bist jetzt dran, ich habe heute volles Programm«, forderte er mich auf.

Ich folgte ihm, ich hatte ja keine andere Wahl mehr. Pheka hatte mich überrumpelt. Schwester Anja ging mit.

Als ich im Friseurstuhl saß, bekam ich sofort Beklemmungen und Schweißausbrüche. Vor mir lief ein Film ab: Ich ging gedanklich den Schriftsatz durch, in dem Amihan Gellela mir diese rassistischen Vorwürfe machte. Ich sah wieder diese Rassisten vor meinen Augen, wie sie im Fernsehen oft gezeigt wurden. Mein Dämon meldete sich, ermahnte mich, einfach die Klappe zu halten, bevor ich was Falsches sagte. Mein Puls war auf Anschlag. Ich sagte mir immerzu: *Gleich hast du es geschafft, nur noch ein bisschen durchhalten.*

Und ich schaffte es. Es war schwer, aber da hatte ich durchgemusst! Fix und fertig und schweißgebadet erhob ich mich aus dem Friseurstuhl. Noch ein kleiner Dialog mit Pheka, dann bezahlen und raus. Ab in Schwester Anjas Auto und wortlos nach Hause.

Zuhause angekommen, zog ich meine durchgeschwitzte Kleidung aus und duschte. Ich fühlte mich, als ob ich mich beim Sport total ausgepowert hätte. – Aber ich war glücklich: Ich hatte einen riesigen Reintegrationsschritt getan und war Stolz auf mich, dass ich so mutig gewesen bin!

Während ich für Carola und mich das Mittagessen zubereitete, wuchs in mir wieder so was wie Selbstvertrauen. Ich spürte einen inneren Antrieb, ein Gefühl, das ich nicht mehr kannte seit dem Vorfall in Augsburg.

Nach dem Essen legte ich mich hin und schlief zwei Stunden; tief und fest, ohne zu träumen, ohne schlimme Gedanken, ohne Dämon.

Als ich aufwachte, kochte ich für Carola und mich eine Kanne Tee, dazu aßen wir Gebäck von Weihnachten.

»Du siehst wieder toll aus, Süßer. Allerdings hatten die langen Haare auch etwas, so was Verwegenes. Sah auch nicht schlecht aus, es stand dir. Aber so mag ich dich lieber. Was machst du heute noch?«

»Ich schmeiße jetzt meinen Computer an und verschaffe mir einen Überblick über den Stellenmarkt in Berlin. Ich möchte meine momentane Hochphase produktiv nutzen. Mir kommt es so vor, als ob ich mit dem Abschneiden der Haare so etwas wie eine schlimme Vergangenheit abgelegt habe«, schoss es aus mir heraus.

»Toll, Süßer. Was hast du vor? Was suchst du?«

»Ich sondiere jetzt Stellen, mache eine Art Brainstorming in eigener Sache. Danach möchte ich für mich definieren, auf was ich mich konzentrieren werde. Und dann geht es an die Bewerbungen. Meine letzte Bewerbung habe ich geschrieben, als ich damals nach Bayern ging. Das ist Lichtjahre her. Muss mal schauen, wie man das heutzutage macht.«

Ich verbrachte den Rest des Tages vor dem Computer und checkte Stellenanzeigen. Für den nächsten Tag, nach der Therapie bei Frauke Michel, nahm ich mir vor, für mich eine Wunschbranche und eine Wunschposition zu definieren.

***

Die Therapiestunden in den folgenden Wochen nutzten Frauke Michel und ich, um zu reflektieren, wie meine Reintegrationsmaßnahmen liefen. Ich war ehrgeizig und ging zu allen möglichen

Locations, zum Beispiel zu Pheka, um mich mit ihm zu unterhalten. Als Vorwand kaufte ich Shampoo oder andere Pflegemittel bei ihm ein, damit es nicht so auffällig war. Ich ging weiter zu Antonino, zu Luisana und aß dort portugiesisch. Bei einem unserer Kiezbäcker, der von Türken betrieben wurde, kaufte ich täglich Schrippen. Ich traf mich mit Jacek, dem Mann der Bekannten von Carola. Er erzählte immer so wunderbar von seinen Musikprojekten, er war Orchestermusiker bei den Berliner Philharmonikern. Nur zum Asiaten ging ich nicht, auch nicht zu *McFIT*, dafür war es meiner Ansicht nach noch zu früh.

Ich trieb ab jetzt meine Jobsuche energisch voran. Es gab zwar keine finanziellen Engpässe, aber für den Ruhestand war ich eindeutig zu jung. Ich brauchte wieder eine Aufgabe und bis zu meinem tatsächlichen Austritt bei meinem Arbeitgeber zum 31. März 2019 war genügend Zeit, mich weiter zu regenerieren, um möglichst fit in eine neue Aufgabe einzusteigen. Mein Jobprofil hatte ich geschärft und einen Einzelkurs *Bewerbungsmanagement für Führungskräfte* bei einem renommierten Personalberater absolviert. Ich verfasste einen Lebenslauf und scannte ihn mit meinen Zeugnissen ein. Somit hatte ich eine Vorlage, die ich nur noch mit einem individuellen Anschreiben komplettieren musste.

Ich schrieb zunächst fünf Bewerbungen auf Stellen, die mich interessierten, allerdings nur für den Berliner Raum. Noch mal weggehen von Berlin und Carola kam für mich nicht infrage. Auch dann nicht, als ich Anfragen von Headhuntern für attraktive Positionen bekam. Es gab sogar eine Anfrage aus Augsburg. Dieser Ort war jedoch für mich verbrannt, eine Art No-Go-Area! Ich wollte auch nicht mehr in ein hektisches, unorganisiertes Unternehmen wie in Bayern eintreten, kein Troubleshooter mehr sein! Nicht wieder auf einen Schmarotzer wie Karl Huber reinfallen.

Feedbacks auf meine Bewerbungen erhielt ich prompt. Meine Leistungen waren immer herausragend gewesen, deswegen bekam ich umgehend Einladungen zu Vorstellungsgesprächen. Ein Mal sollte ich sogar sofort nach dem Gespräch einen Arbeitsvertrag unterzeichnen. Mir ging das aber zu schnell: Ich nahm mir vor, mindestens drei Gespräche zu führen, um mir ein Bild über die Unternehmen, besonders über die handelnden Personen zu verschaffen.

Schlussendlich unterzeichnete ich einen Arbeitsvertrag bei einem großen Staatsunternehmen in Berlin. Ich führte drei Gespräche, musste zudem ein Assessment-Center durchlaufen, dann unterzeichnete ich im Februar 2019 den Arbeitsvertrag. Arbeitsbeginn war der erste April 2019. Ich wurde Abteilungsleiter, in der Hierarchie direkt unter der Geschäftsführung angesiedelt. Ich versprach mir von dieser Aufgabe etwas mehr

Ruhe, nicht wie in meinen letzten Jobs ständig erfolgsgetrieben zu sein. Ich wollte es einfach ruhiger angehen. Das erschien mir in einem Staatsunternehmen am besten realisierbar.

Kapitel 9 – Etappensieg II

Jetzt hatte ich Zeit – viel Zeit. Meine Schäfchen waren im Trockenen.

Meine Therapiestunden bei Frauke Michel reduzierte ich ab Ende Februar auf zwei Einheiten pro Woche.

Ich fuhr zu meinen alten Freunden in Westfalen und frischte Kontakte auf. Ich hatte die Jungs in der Vergangenheit sehr vermisst. Durch meine beruflichen Tätigkeiten in Worms und Bayern und den späteren Wohnsitz in Berlin war der Aufwand immer groß, sich gegenseitig zu besuchen.

Ich intensivierte die Beziehung zu meiner Mutter und meinen Brüdern Daniel und Jonas. Wir sprachen viel miteinander, verstanden uns wieder prächtig und sahen uns häufiger. Es gab nichts mehr, was zwischen uns stand.

Ich fühlte mich wirklich wieder gut und hatte viele Reintegrationsbrücken überquert – nur nicht die zu Asiaten. Die mied ich immer noch. Aus Angst.

Zu *McFIT* ging ich nach einer gewissen Zeit aber wieder, das Publikum ist dort ziemlich multikulti. Bei meinem ersten Besuch war ich unsicher, sagte mir jedoch, dass ich dort den Abstand zu anderen selbst bestimmen könne, keine Nähe zulassen müsse und mit niemandem zu reden bräuchte. Einfach nur Sport treiben. Nach jedem erfolgreich ausgeführten *Reintegrations-*

sport bei *McFIT* belohnte ich mich mit einem Essen im *Ristorante Bologna* gleich gegenüber.

Anfang Februar 2019 erhielt ich den Vergleich vom Arbeitsgericht Augsburg: Jetzt war alles klar und nach meinen Bedingungen geregelt und besiegelt.

Dann überlegte ich, ob ich mir einen weiteren Akt antun und gegen Amihan Gellela vorgehen oder die Sache ruhen lassen sollte? Eigentlich hatte ich ja jetzt alles bekommen, was ich wollte. Auf der anderen Seite empfand ich diese abgrundtiefe Ungerechtigkeit, die wie ein tiefer Stachel in meinem Fleisch saß und schmerzte, mich nicht in Ruhe ließ: Darf jemand seine Herkunft dafür nutzen, einen anderen einfach so unbegründet als Rassisten zu bezeichnen und zu denunzieren, um das Leben des anderen damit fast zu zerstören? Und was würde ein weiteres Verfahren mit mir machen? Würden bei einem neuerlichen Gerichtsverfahren meine alten Wunden aufreißen, würde meine Seele wieder bluten und ich wieder in ein tiefes Loch fallen?

Ich überlegte mehrere Tage, wog das Für und Wider ab, ließ mich von Carola und Frauke Michel beraten; erklärte meinen Standpunkt, meine Werte, dass ich es für mich tun wollte, aber auch für andere, die grundlos einem vernichtenden Vorwurf ausgesetzt sind. Ich wollte eine Art Grundsatzurteil erwirken!

Dann packte ich die Sache beherzt an und ging gegen Amihan Gellela gerichtlich vor. Ich war fest entschlossen, wenn nötig alle Mittel, die der Rechtsstaat bot, anzuwenden. Aber nicht so, wie Amihan Gellela gegen mich: niederträchtig, hinterhältig und mit abgrundtiefen verachtenswerten Methoden und Lügen, sondern mit legalen Mitteln. Bisher hatte ja nur mein Arbeitgeber, also Karl Huber die Verantwortung für sein Fehlverhalten übernommen, Amihan Gellela selbst nicht. Das wollte ich ändern!

Kosten konnten nicht auf mich zukommen, da ich über eine Rechtsschutzversicherung verfügte. Ich recherchierte im Internet nach Rechtsanwälten, die sich mit dieser Thematik auskannten und vereinbarte mit fünf Anwälten Termine, um meine Angelegenheit vorzutragen. Gleichzeitig wollte ich mittels der Gespräche prüfen, ob sie wirklich für meine Sache kämpfen würden oder einfach nur ein Mandat einheimsen wollten.

Schon der dritte Termin war erfolgreich: Rechtsanwalt Smarkov, Partner einer renommierten Kanzlei am Kurfürstendamm in Berlin, nahm sich viel Zeit für mich, hörte mir superinteressiert zu, stellte viele Rückfragen und bat mich, ihm alle Unterlagen meines Vorprozesses zu übermitteln. Er wollte sich in Ruhe einlesen und dann eine Einschätzung abgeben. Das gefiel mir. Andere Anwälte blieben vage, hatten wenig Zeit für mich, beschäftigten sich sofort mit möglichen Vergleichen. Ich wollte aber keinen Vergleich! – Zumindest nicht als erste Möglichkeit. Ein Vergleich war nicht das Ziel.

Herr Smarkov war anders: interessiert an diesem Verfahren und fest entschlossen. Genau der richtige Typ, wie ich fand: offensiv, kämpferisch, trotzdem sehr analytisch. Er besaß genau die richtigen Mittel, um Amihan Gellela einzuheizen!

Nach einigen Tagen rief er mich an und meinte: »Herr von Thaysens, sie können diesen Prozess nicht verlieren, sie haben genug in der Hand. Die Gegenseite wird zwar noch mal versuchen, vielleicht auch mit schäbigen Mitteln, sie in den Dreck zu ziehen, aber die Chance, damit durchzukommen, schätze ich als gering ein. Ihre Aussichten sind also sehr gut, vor Gericht zu gewinnen. Das Schlimmste, was passieren kann, ist ein Vergleich, aber auch der wird zu Ihren Gunsten ausfallen. Ich würde gerne für Sie dieses Mandat übernehmen!«

Ich hörte mir zwar noch die Meinung des vierten und fünften Anwalts an, entschloss mich aber, Herrn Smarkov das Mandat zu erteilen.

Herr Smarkov arbeitete eine Strategie aus; ich machte mir Gedanken, welches Ziel ich erreichen wollte. Am 1. April 2019 um 18.00 Uhr fuhr ich in seine Kanzlei, um unsere Vorgehensweise zu finalisieren. Ich wollte mit dem Verfahren erst beginnen, nachdem mein Arbeitsverhältnis in Augsburg offiziell beendet war. Ich trug ihm mein wichtigstes Ziel vor: »Amihan Gellela darf nicht mehr behaupten, dass ich ein Rassist bin und sie rassistisch beleidigt habe. Alles, was dazu kommt, ist nice to have.«

Er nickte, verstand mich. »Okay, wir sollten gleich zu Anfang das schärfste Schwert schwingen: Zuerst setze ich ein Schreiben an Amihan Gellela auf, in dem ich sie auffordere, Ihnen innerhalb von zwei Wochen einen Betrag in Höhe von sechzehntausend Euro zu zahlen, als Schmerzensgeld für Ihre Erkrankung und die Schmähungen gegen Sie. Und wir drohen ihr direkt an zu klagen, wenn sie nicht fristgerecht zahlt. Darauf wird sie, wenn sie sich anwaltlich beraten lässt, nicht eingehen. Sind die zwei Wochen verstrichen, reichen wir Klage auf Schmerzensgeld und wegen Persönlichkeitsverletzung ein. Nach Einreichung der Klage wird die Sache mittels Schriftsätze durch den Richter erörtert und mit einem Gerichtstermin enden.«

»Einverstanden«, erwiderte ich.

Nun nahm die Angelegenheit rasant Tempo auf. Ich war stolz auf mich und meinen Mut! Vor drei Monaten wäre ich nicht dazu in der Lage gewesen: Wie sehr mir Carola, Schwester Anja und Frauke Michel halfen, wurde mir erst jetzt richtig bewusst. Ich konnte wieder für etwas kämpfen und hatte wieder Kraft, fast wie früher.

Mir war aber nicht ganz wohl dabei, ich dachte immer wieder, dass es dazu nie hätte kommen müssen. Mir schoss immer wieder die Frage durch den Kopf, warum Amihan Gellela mir gegenüber so skrupellos und hinterhältig war: Weil ich ihre eindeutigen Angebote nicht annahm? Weil sie meinen Job wollte? Weil ich sie durchschaute, sie als Lügnerin entlarvte? Ich hatte ihr doch alle Türen für eine berufliche Karriere geöffnet, nie ein Wort über die Vorkommnisse damals verloren. Sie konnte sich auf mich verlassen. Ich war verschwiegen, trug ihr nichts nach. Ich kam einfach nicht darauf. Auch jetzt, acht Monate später immer noch nicht. Wie konnte ein Mensch nur so widerlich sein? Nun musste sie aber die Verantwortung für ihr Handeln übernehmen und büßen! Ob ihr diese Konsequenzen damals bewusst waren?

***

Am 14. April 2019 setzte Herr Smarkov das Schreiben an Amihan Gellela ab. Wie von ihm erwartet, kam keine Reaktion. Am 26. Mai reichten wir Klage beim Landgericht Augsburg gegen sie ein. Klagegrundlage waren die Schmähungen gegen mich aus dem Schriftsatz des Prozessbevollmächtigten meines früheren Arbeitgebers. Als Beleg für die Schmerzensgeldforderung fügte Herr Smarkov der Klageschrift den Befund von Frauke Michel als Anlage bei. Mir war es wichtig, die rechtliche Auseinandersetzung vor einem

Landgericht auszutragen, weil dort Anwaltszwang besteht, anders als vor einem Amtsgericht, wo sich jeder Bürger selbst vertreten darf. Ich wusste aus Zeiten, in denen Amihan Gellela und ich uns noch gut verstanden, dass sie keine Rechtsschutzversicherung hatte. Schon alleine die horrenden Anwalts- und Gerichtskosten dürften ihr einen riesigen Schreck eingejagt haben, vermutete ich. Das war zwar nicht ganz fair von mir, aber warum sollte ich fair sein? Sie war es bei mir ja auch nicht.

Kurz darauf erhielten wir vom Gericht die Eingangsbestätigung mit einem Aktenzeichen. Die Klage wurde zugelassen. Die erste wichtige Hürde hatten wir erfolgreich genommen.

Die zweite Hürde ließ nicht lange auf sich warten: Wir wurden vier Wochen später vom Gericht über die Nichtzustellbarkeit der Klage informiert, da die Beklagte, Amihan Gellela, unbekannt verzogen sei. Ich wunderte mich: Herr Smarkovs Einschreiben mit der Schmerzensgeldforderung vom 14. April hatte sie erhalten, belegt durch die Quittung der Post. Hatte sie sich etwa aus dem Staub gemacht? Unweigerlich kamen schlimme Gedanken bei mir auf: *Ist die jetzt weg? Kann ich sie nie mehr zur Verantwortung ziehen?*

Ich war aufgeregt, nervös, verärgert und rief Herrn Smarkov an, der mich jedoch sofort beruhigte: »Ich frage jetzt bei der Meldebehörde und dem Sozialversicherungsträger an, erkundige mich nach Amihan Gellelas neuer Meldeadresse und teile sie dem Gericht mit. Haben Sie keine Bedenken, Herr von Thaysens, es wird nichts anbrennen«, versicherte er mir.

Doch so einfach wie Herr Smarkov dachte, war es nicht. Auch die Meldebehörde und der Sozialversicherungsträger gaben uns nur die Adresse, die wir kannten. Wir baten das Gericht um eine zweite Zustellung, vielleicht hatte sich der Postbote geirrt, aber auch die zweite Zustellung blieb erfolglos. Was tun?

Herr Smarkov beriet mich: »Wir können eine öffentliche Zustellung erwägen. Bei einer öffentlichen Zustellung wird die Klage beim Gericht für eine bestimmte Zeit ausgehängt. Meldet der Beklagte, also Amihan Gellela, sich binnen einer bestimmten Frist nicht, gilt die Klage als zugestellt. Anschließend fällt der Richter ein Urteil nach Aktenlage. Das hat für Sie den Vorteil, dass es nicht zu einer Verhandlung kommt und Sie vielleicht ein Urteil erwirken, ohne dass sich Amihan Gellela dagegen wehren kann.«

Ich musste nachdenken, ließ mir eine Woche Zeit. Wollte ich das wirklich? Ein Urteil ohne Verhandlung? Sie käme wieder davon, vielleicht sogar mit einer milden Strafe. Nein! Das wollte ich nicht! Ich wollte sie vor Gericht sehen! Auf der Anklagebank! Wie ein Verbrecher! Sie hatte mich fast zerstört und sie sollte sich dem stellen, sich mit ihrer schlimmen Tat auseinandersetzen. Dass sie dazu lernte, glaubte ich indes nicht, dafür war ihr Charakter zu dysfunktional.

Ich musste handeln, die Zeit rannte uns davon. Das Gericht hatte uns eine Frist gesetzt, binnen der wir die Zustelladresse mitzuteilen hatten. Jetzt musste ich das tun, was ich seit August 2018 nicht mehr getan hatte und eigentlich nie mehr tun wollte: Ich rief die Homepage meiner ehemaligen Firma auf und suchte unter *Kontakte* die Mitarbeiter. Zuerst sah ich Karl Hubers feistes Gesicht. Und dann ... Amihan Gellela, mit Foto.

Ich saß konsterniert vor dem Bildschirm meines Laptops, 1000 Gedanken schossen mir durch den Kopf. Innerhalb weniger Sekunden liefen die letzten Monate vor mir ab; diese schlimme Zeit. Besonders die schlimmen Tage, als ich abstürzte, wie ein Penner durch die dunkelsten Hinterhöfe Berlins zog, total abstürzte.

Ich kam wieder zu mir, sagte laut: »Dir werde ich es zeigen, du kommst nicht so einfach davon, du hinterhältiges Stück! Ich finde dich – und wenn ich dafür bis ans Ende der Welt reisen muss!«

Ich rief Herrn Smarkov an: »Amihan Gellela wird noch auf der Homepage der Firma geführt. Wie wäre es, wenn wir sie direkt in der Firma anschreiben? Besser noch: Karl Huber als Geschäftsführer? Wir bitten ihn, uns Amihan Gellelas Zustelladresse mitzuteilen. Dann wissen gleich beide, dass die ekelerregende Art, mit der sie mich aus dem Unternehmen entsorgt hatten, nicht ohne Konsequenz bleibt.«

»So machen wir es«, meinte Herr Smarkov entschlossen. »Mailen Sie mir bitte die Kontaktdaten zu.«

Einen Tag später setzte Herr Smarkov folgende E-Mail an Karl Huber ab:

Sehr geehrter Herr Huber,

hiermit zeigen wir an, dass wir im Rahmen einer zivilrechtlichen Klagezustellung vom Landgericht Augsburg informiert wurden, dass Ihrer Mitarbeiterin Amihan Gellela eine Klage zweimal nicht zugestellt werden konnte, sodass nunmehr eine öffentliche Zustellung erwogen wird. Da Frau Gellela bei Ihnen als Mitarbeiterin geführt wird, bitten wir um Mitteilung einer Aufenthalts- oder Meldeadresse, soweit sie Ihnen bekannt ist, damit das Gericht zustellen kann. Die nachteiligen Folgen einer öffentlichen Zustellung müsste sich sonst Frau Gellela selbst zurechnen. Derzeit werden auch Verstöße gegen das Meldegesetz geprüft. Vielen Dank für Ihre Mitwirkung.

Hochachtungsvoll
Smarkov, Rechtsanwalt

Ein Volltreffer! Tief ins Mark von Amihan Gellela und Karl Huber. Das muss gesessen haben. Bereits am selben Abend meldete sich ein Rechtsanwalt aus Augsburg, von Amihan Gellela beauftragt. Er teilte uns die Meldeadresse von Amihan Gellela mit, die wir umgehend an das Landgericht Augsburg weiterleiteten.

Wenige Tage später informierte uns das Gericht über die erfolgreiche Klagezustellung und darüber, dass die Gegenseite zu der Klage binnen zwei Wochen Stellung beziehen müsse. Jetzt war auch diese Hürde genommen. Ich war erleichtert. Es ging weiter. Zwischenzeitlich hatte ich große Sorge, Amihan Gellela sei untergetaucht. Zuzutrauen war ihr alles!

***

Drei Wochen später erhielten wir einen Schriftsatz der Gegenseite. Mir war klar gewesen: Amihan Gellela musste ihre Rassismus-Vorwürfe aufrecht halten, ansonsten würde sie Karl Huber ans Messer liefern, weil der dann im Vorprozess Prozessbetrug begangen hätte, indem er gelogen hätte und ich dann auch Karl Huber verklagen würde. Die beiden kannten mich. Und Karl Huber hätte sie sicher gefeuert, wenn sie den Rassismus-Vorwurf als frei erfunden zugeben würde. Amihan Gellela hätte diese skrupellose Karte bestimmt ausgespielt – es würde ihrem defizitären Charakter entsprechen –, wenn sie nicht in wirtschaftlicher Abhängigkeit zu Karl Hubers Unternehmen stünde. Ich lockte die beiden in eine Falle, hatte diesen Plan mit Herrn Smarkov von langer Hand geschmiedet wie ein heißes Eisen im Feuer. Sie konnten einander nicht mehr helfen! Ihre Gehässigkeit hatte Grenzen, die ich ihnen aufzeigte. Der Plan der beiden von August 2018 ging nicht mehr auf, weil er dumm und einfältig war und sie nicht mit einem harten Gegenstoß von mir gerechnet hatten. Sie dachten, sie hätten mich damals fertiggemacht.

Also blieb Amihan Gellela bei ihrer Version, dass ich ein Rassist sei. Auf diesmal nur sieben Seiten erfolgten ihre erneuten Vorwürfe, identisch mit den früheren. Dem Schriftsatz konnte man zwischen den Zeilen Amihan Gellelas pure Angst entnehmen. Trotz der harten Vorwürfe relativierte sie jetzt Sachverhalte, meinte zum Beispiel, sie wollte mich damals nicht hinhängen, weil ich sie doch auch beruflich gefördert hätte. Sollten ihr etwa zwischenzeitlich Skrupel gekommen sein? Ich glaubte das nicht, hielt es nur für eine Masche von ihr, auf mildernde Umstände hoffend. Ich blieb hart ihr gegenüber, wich keinen Millimeter von meinem Vorhaben ab, schließlich handelt es sich bei einem Rassismus-Vorwurf nicht um einen Kinderstreich!

Sie kannte offensichtlich die Schriftsätze aus dem Vorverfahren nicht. Karl Huber hatte sie nicht eingeweiht, ließ sie ins offene Messer laufen. Sie wusste nicht, wie Rechtsanwalt Dr. Zichon damals einen Vorwurf nach dem anderen ausgeräumt hatte und ich so gegen das Unternehmen meinen Prozess gewann. Also widerlegte Herr Smarkov erneut sämtliche Vorwürfe, als Beweis fügten wir den Schriftsatz von Dr. Zichon zu unseren Ausführungen an das Landgericht Augsburg bei. Ein Volltreffer.

Amihan Gellela saß in der Klemme. Das spürte man in der Folge. Der Richter wollte sich wohl einen tieferen Einblick in diese Sache verschaffen und forderte die Gegenseite auf, nochmals zu unseren Ausführungen Stellung zu beziehen. Das tat Amihan Gellela beziehungsweise ihr Rechtsanwalt mehr schlecht als recht: Sie führten angebliche neue Sachverhalte aus, die nicht bezeugt werden konnten, nannten Situationen, die es nie gab – nachweislich nicht gab. Es war der letzte Versuch einer Betrügerin, erneut zu betrügen.

Rechtsanwalt Smarkov und ich fragten uns, warum Amihan Gellelas Anwalt nie einen Versuch wagte, einen Vergleich mit mir anzustreben. Vielleicht weil ihr jetzt klar war, dass sie damals zu weit gegangen war? Also beantworteten wir den zweiten Schriftsatz auch, widerlegten die letzten Versuche der Denunzierung und warteten den Gerichtstermin ab.

***

Ich erholte mich weiter gut, arbeitete erfolgreich in meinem neuen Job. Nicht mehr mit vollem Einsatz wie früher nach vorne preschend, sondern *proaktiv*, wie es so schön heißt. Ich nahm mich zurück, stellte zwar Weichen im Unternehmen, ließ mir und meinen Mitarbeitern aber wesentlich mehr Raum für die Umsetzung der Maßnahmen. Mein Stressfaktor sank im Gegensatz zu meinen früheren Jobs um 50 Prozent. Ich dachte daher über weite Strecken der Woche nicht mehr an diese stillose Geschichte in Augsburg. Ab und zu schossen mir – auch jetzt, während ich das schreibe – noch die Gedanken von damals durch den Kopf. Das war jedoch normal: Frauke Michel meinte während meiner Behandlung, dass ich nie mehr völlig gesund würde und mich diese schlimmen Gedanken immer mal wieder einholen könnten. Wichtig waren jedoch die Einordnung der Vorwürfe und meine Gegenmechanismen, die ich mir während der Behandlung erarbeitete. Es trifft mich inzwischen nicht mehr, weil ich weiß und tief in mir spüre, dass ich kein Rassist bin. Der gewonnene Prozess damals hatte mir auch dabei geholfen. Und dieser Prozess jetzt gegen Amihan Gellela sollte ein weiterer großer Schritt hin zu meiner vollkommenen Rehabilitierung in jeglicher Hinsicht werden.

***

Am 20. Dezember 2019 erhielt ich von Herrn Smarkov den Prozesstermin für das Verfahren gegen Amihan Gellela. *Wie sich bestimmte Dinge wiederholen*, dachte ich: Fast genau auf den Tag vor einem Jahr bekam ich den Anruf von Dr. Zichon mit der Bitte der Firma, sich mit mir vergleichen zu wollen. Ich musste schmunzeln und fühlte mich prächtig. Am 24. Januar 2020 um 9.30 Uhr würde es endlich zum großen Showdown kommen: Amihan Gellela würde mir gegenüber sitzen, auf der Anklagebank. Sie benannte Karl Huber, die Nachfolgerin von Greta Vogl und einen weiteren Mitarbeiter als Zeugen, letztgenannter kündigte allerdings kurz nach meinem Abgang seine Tätigkeit im Unternehmen. Ich würde also sogar Karl Huber treffen und konnte ihm ins Gesicht sehen. Die Sache entwickelte sich gut.

Kapitel 10 – Finale

Einen Tag vor dem Prozess reiste ich nach Augsburg. Ich ließ diesen Tag zum Feiertag werden. Schon auf der Zugfahrt war ich bestens gelaunt. Der Dämon, der mich damals auf der Reise von Augsburg zurück nach Berlin begleitete, war nicht mehr da. – Schon lange nicht mehr!

Ich sah mir Augsburg an, machte eine Stadtführung mit und verhielt mich wie ein Tourist. Für abends hatte ich mich telefonisch bei Carmelo avisiert.

Es wurde ein wunderschöner Abschiedsabend mit ihm. Wir saßen den ganzen Abend zusammen und ich erzählte ihm meine Geschichte. Er konnte sich gut an damals erinnern, wunderte sich, warum ich auf einmal verschwunden war und nicht mehr bei ihm auftauchte. Er machte sich sogar große Vorwürfe, mich schlecht behandelt zu haben oder dass mir sein Essen nicht mehr schmecken würde. – Bei den Italienern geht halt alles durch den Magen.

Amihan Gellela und Karl Huber waren nach diesem verhängnisvollen Abend nie mehr bei ihm, versicherte er mir. Er hätte eine gute Beobachtungsgabe und kenne seine Gäste. Sollten sie jedoch wieder bei ihm auftauchen, würde er sie rausschmeißen. Er wolle keine Mafia-Methoden, nicht in Deutschland. Ich musste lachen.

Wir tranken Weißwein, aßen zusammen Schwertfischkoteletts, *Pasta di Mandorla* und als

Nachspeise hatte er extra für mich eine köstliche *Cassata* alla *siciliana* zubereitet. Wir schwärmten von Sizilien und kamen zu dem Ergebnis, dass Sizilien der schönste Fleck auf diesem Planeten ist.

Der Abschied fiel uns schwer: Dass ich noch mal privat nach Augsburg kommen würde, schloss ich aus. Carmelo hatte keinen Bezug zu Berlin. Als ich ging, kullerten uns Tränen herunter. Ich werde Carmelo nie vergessen. Er ist so ein wunderbarer Mensch. Herzensgut. Bei ihm fühlte ich mich immer wohl.

***

Ich passierte die Eingangskontrolle und ging die paar Stufen in die erste Etage hinauf, wo sich der *Sitzungssaal 112* im *Landgericht Augsburg* befindet. Ich fühlte mich wie ein Staatsgast, der vom Bundespräsidenten empfangen wurde.

Oben angekommen sah ich Amihan Gellela: Sie hatte sich ganz allein, direkt für mich sichtbar, am Anfang des langen Ganges auf einer Bank positioniert, als wolle Sie mich abfangen. Als sie mich sah, stand sie auf und machte einen kurzen Schritt in meine Richtung, Tränen liefen wie auf Bestellung ihre Wangen herunter, sie suchte meinen Blickkontakt. Ich kannte das, es war ihre Masche, Mitleid zu erzeugen. Ich sah ihr auch einen langen Moment tief in die Augen.

Ungefähr zehn Meter hinter ihr stand Herr Smarkov. Ich ging auf Amihan Gellela zu und sie dachte wohl ernsthaft, ich würde sie begrüßen. Als ich kurz vor ihr war, streckte sie mir ihre Hand zur Begrüßung entgegen. Ich ignorierte sie, ging in einem Abstand von ungefähr 30 Zentimetern an ihr vorbei und sagte: »Herr Smarkov, schön sie zu sehen. Sie sind vor mir da, wie vorbildlich.«

Er grinste mich verschmitzt an und gab mir die Hand. Dachte Amihan Gellela tatsächlich, ich würde sie begrüßen? Als ob nichts geschehen sei? Dass ich wie früher auf ihre Mitleidsmasche reinfalle?

Kurz danach ertönte ein lautes *Ding-Dong* wie vor einer Durchsage am Flughafen, dann sprach eine Stimme so angenehm wie die der Tagesschaumoderatorin Susanne Daubner: »Es wird aufgerufen der Rechtsstreit Benjamin von Thaysens, Aktenzeichen 025 F 1675/19. Bitte betreten Sie den Gerichtssaal.«

Herr Smarkov und ich traten ein. Es war ein riesiger Raum, wie bei dem Prozess gegen Josef Ackermann damals, eigentlich viel zu groß für meine Sache, eher gedacht für Prozesse von enormem öffentlichem Interesse. Zuschauer waren nicht da, obwohl es eine öffentliche Verhandlung war. Vorne saßen ein Richter und zwei Beisitzer, rechts davon mir gegenüber Amihan Gellela und ihr Rechtsanwalt. Vor ihnen stand ein Schild auf dem Tisch: *Beklagte!* Genau so, wie ich es wollte und herbeigesehnt hatte. Wie ich es mir seit Monaten ausmalte!

Anfangs suchte Amihan Gellela Blickkontakt zu mir, später, im Laufe der Verhandlung, saß sie nur noch in sich zusammengesunken wie eine Schnecke auf der Anklagebank, mit gesenktem Kopf.

»Die Verhandlung ist eröffnet!« Der Richter fragte an beide Parteien gerichtet: »Gibt es die Möglichkeit eines Vergleichs zwischen den Parteien?«

Wieder lockten wir Amihan Gellela in eine Falle. Herr Smarkov und ich wollten herausfinden, ob sie tatsächlich keine Rechtsschutzversicherung hatte oder mich damals anlog. Hatte sie eine, könnte sie einen Vergleich in Erwägung ziehen. Hatte sie keine, konnte sie nur auf Sieg setzen, um den saftigen Anwalts- und Gerichtskosten zu entgehen. Bei einer Niederlage musste sie, Rechtsschutz hin oder her, sowieso zahlen.

Ihr Rechtsanwalt sah Amihan Gellela an, dann den Richter: »Kommt auf den Vergleich an. Die Kosten für das Verfahren übernimmt meine Mandantin auf keinen Fall. Sie fühlt sich im Recht.«

»Wie sieht das die Klägerseite?«, fragte der Richter.

Herr Smarkov bluffte: »Wir sind offen für einen Vergleich.«

»Um weitere Termine, Beweisaufnahmen, Gutachterkosten und Kosten für Vorladungen von Ärzten des Klägers, Zeugen des Klägers et cetera zu vermeiden ... Will sich die Beklagtenseite beraten? Ich kann kurz unterbrechen.«

Ups: Der Richter hatte eine erste kleine Tendenz gezeigt, wo es hingehen könnte. Das verstand wohl auch Amihan Gellelas Anwalt.

Die beiden verließen den Sitzungssaal, um sich abzustimmen.

Schon kurze Zeit später kamen sie zurück: »Wir können uns nicht vergleichen, da Frau Gellela nicht über Rechtsschutz verfügt. Wir streben ein Urteil an.«

»Haben Sie die Folgen abgewogen?«, hakte der Richter nach.

»Ja«, erwiderte Amihan Gellelas Anwalt knapp.

»Dann gebe ich Folgendes zu Protokoll: Ein Vergleichsversuch ist gescheitert, ich eröffne somit das Verfahren auf Persönlichkeitsverletzung und Schmerzensgeld gegen die Beklagte.«

Amihan Gellela hatte tatsächlich keine Rechtsschutzversicherung. Dachte sie allen Ernstes, sie könnte diesen Prozess gewinnen? War sie einfach nur stur? Vielleicht litt sie an Pseudoerinnerungen; ich hatte davon gelesen. Dabei handelt es sich um eigene Vorstellungen, die in Wahrheiten umgedeutet werden. Oft werden Menschen mit Pseudoerinnerungen erst vor Gericht entlarvt.

Ich war klar in der Sache, konsequent und hoch konzentriert: Den Prozess gewinnen und

Amihan Gellela Lehrgeld zahlen lassen. Und zwar ein saftiges Lehrgeld! Sowohl monetäres als auch menschliches. Sie sollte nie mehr auch nur auf die Idee kommen, andere in den Dreck zu ziehen.

Es begann ein zweistündiger aufgeheizter Prozess: Nachdem der Richter den Klagesachverhalt erörtert hatte, eröffnete er die Beweisaufnahme. Es wurde der erste Zeuge von Amihan Gellela aufgerufen; ich selbst hatte keine Zeugen benannt. – Noch nicht. Ich hielt mich an die Schriftsätze aus diesem und dem Vorverfahren, die sollten ausreichen. Sie enthielten genügend Widersprüche in Amihan Gellelas Beschuldigungen.

Es erschien der Kollege, der nach meinem Abgang das Unternehmen verlassen hatte. Er verstand sich gut mit ihr, sie hatten oft abends was zusammen unternommen, waren bereits zuvor im gleichen Unternehmen tätig.

»Können Sie sich an einen Vorfall etwa im Juli 2017 erinnern, als Herr von Thaysens Frau Gellela als schwarzes Miststück bezeichnet haben soll?«, fragte der Richter.

»Das ist alles so lange her. Mir fällt es schwer, mich daran zu erinnern.«

»Woran erinnern Sie sich denn?«

»Ich kann mich an den Verlauf der Zusammenarbeit der beiden erinnern. Als ich in das Unternehmen eintrat, waren Frau Gellela und Herr von Thaysens ein eingespieltes Team und verstanden sich gut. Später dann kam es immer öfter zu Reibereien, die manchmal heftig waren.«

»Wie heftig waren diese Reibereien?«

»Ziemlich heftig. Es mussten Meetings unterbrochen werden. Frau Gellela weinte oft, weil Herr von Thaysens sehr streng mit ihr war. Ich fand den Führungsstil von ihm Frau Gellela gegenüber oft überhart. Sehr autoritär.«

»War der Kläger bei Ihnen genauso?«

»Nein. Bei mir war er immer normal. Ich hatte keine Probleme. Herr von Thaysens war sehr beschäftigt. So oft sahen wir uns nicht.«

»Wie war der Führungsstil bei anderen?«

»Soweit ich das beobachten konnte auch normal. Es gab nur Schwierigkeiten zwischen Frau Gellela und Herrn von Thaysens. Die haben sich zum Schluss nur noch gezofft, wobei Herr von Thaysens Frau Gellela oft ungerecht behandelt hat, wie ich im Nachhinein finde.«

»Gibt es Fragen an den Zeugen?«

Herr Smarkov nickte und wandte sich an den Zeugen: »Verstehe ich Sie richtig, es gab oft Streit zwischen Frau Gellela und Herrn von Thaysens? Dabei ging es Ihrer Meinung nach um den Führungsstil des Klägers? Rassistische Beleidigungen haben Sie nicht mitbekommen?«

»Genau. Die beiden haben sich oft gestritten. Rassismus habe ich jedoch nicht mitbekommen. Jedenfalls kann ich mich daran nicht erinnern.«

»Gibt es weitere Fragen an den Zeugen?«

»Nein!«, sagte mein Anwalt.

Der Anwalt von Amihan Gellela sagte ebenfalls: »Nein.«

»Dann ist der Zeuge jetzt entlassen. Hier ist ein Formular. Das können Sie ausfüllen und einreichen und damit Zeugengeld beantragen.«

»Können wir kurz unterbrechen?«, bat mein Anwalt. »Ich möchte mich mit meinem Mandanten besprechen. Fünf Minuten?«

»Die Verhandlung wird auf Antrag des Klägers unterbrochen.«

Ich verließ mit Herrn Smarkov den Gerichtssaal, wir zogen uns in eine ruhige Ecke zurück: »Was läuft da? Wohin will die Gegenseite?«, fragte ich meinen Anwalt.

»Dass ist ziemlich klar: Die wollen über Ihren angeblich miesen Führungsstil zu Frau Gellela ein schlechtes Bild von Ihnen zeichnen – Stück für Stück. Immer ein bisschen heftiger. Das soll sich langsam aufbauen. Wer so wie Sie angeblich Frau Gellela auf dem Kieker hat, wird auch ausfallend – bis hin zu Rassismus. Der Rassismus selbst wird zunächst nicht von denen thematisiert. Die wollen durch die Hintertür kommen. Wir werden sehen. Die nächste Zeugin wird die Thesen des Zeugen eben wahrscheinlich weiter befeuern und erhärten. Und dann soll Karl Huber Ihnen wohl den Gnadenstoß geben.«

Was der Zeuge sagte, stimmte allerdings nicht. Es gab keinen Streit. Es gab auch keine

Unterbrechungen von Meetings. Auch weinte Amihan Gellela nie – jedenfalls in meiner Gegenwart nicht. »Wie gehen wir vor?«, fragte ich Herrn Smarkov.

»Mit Ruhe, Sachlichkeit und unseren Schriftsätzen. Vielleicht nehmen wir Aspekte aus der Aktennotiz mit auf. Oder das private Treffen von Amihan Gellela und Karl Huber. Wir müssen sehen, was folgt. Sie können übrigens die Zeugen auch selbst befragen, wenn Ihnen etwas auffällt.«

Wir gingen zurück in den Verhandlungssaal.

»Das Verfahren wird fortgeführt.« Der Richter rief die Nachfolgerin von Greta Vogl als Zeugin auf.

Nach Feststellung der Personalien fragte der Richter: »Herr von Thaysens soll gegenüber der Personalabteilung gesagt haben, er wolle keine Ausländer mehr einstellen. Das Beispiel Amihan Gellela würde zeigen, dass Ausländer in deutschen Unternehmen nichts zu suchen hätten. Wurde die Aussage so getätigt?«

»Das kann ich so nicht sagen. Diese Vorfälle hat damals meine Vorgängerin bearbeitet. Die ist allerdings seit drei Monaten im Ruhestand. Ich kann lediglich eine Liste mit dreizehn Verfehlungen von Herrn von Thaysens vorlegen, die damals protokolliert wurden.«

»Die liegen hier in der Akte nicht vor. Worum geht es da?«

»Wir haben diese Liste nicht herausgegeben, aus Datenschutzgründen. Es geht um massive Verfehlungen von Herrn von Thaysens: Er soll Frau Gellela im Juni 2018 angeschrien haben, sie solle *die Scheiße* lassen. Worum es ging, weiß ich nicht. Ein Fahrer hatte das gehört. Es gab eine Katze auf dem Betriebsgelände, die hieß Alfred. Sobald Herr von Thaysens die Katze sah, rief er angeblich lauthals: *Vorsicht, Alfred ist da. Nicht dass Frau Gellela Alfred verspeist*. Weil sie Asiatin ist. Dabei habe er mit den Zeigefingern an den äußeren Augenwinkeln Schlitzaugen angedeutet. Herr von Thaysens verbot Frau Gellela, kurze Röcke zu tragen, das sei im Unternehmen nicht gestattet. Meiner Beobachtung nach trug sie nie kurze Röcke. Er warf Frau Gellela vor, sie würde an Zwangsstörungen leiden, sie sei eine Psychopathin, würde ihm immer nach München oder Nürnberg folgen, wenn er da sei. Und so weiter. Frau Gellela soll oft in der Personalabteilung gewesen sein und geweint haben, weil sie unter dem Führungsstil von Herrn von Thaysens litt.«

»Haben Sie mit Herrn von Thaysens darüber gesprochen?«

»Ich nicht. Soweit ich weiß auch Greta Vogl nicht. Es liegt eine Aktennotiz vor, die besagt, dass Herr Huber, unser Geschäftsführer, mit ihm darüber gesprochen hat. Es sollte meiner Kenntnis nach gesammelt werden. Zunächst sollten die Verfehlungen nur protokolliert werden.«

»Hätten Sie es als angemessen empfunden, mit dem Kläger darüber zu sprechen?«

»Ich war noch nicht so lange im Unternehmen. Erst wenige Monate und noch in der Probezeit. Es hieß, die Angelegenheit sei Chefsache. Es gab die Anweisung, dass alles, was Herrn von Thaysens betrifft, über Herrn Hubers Tisch zu laufen habe und wir Stillschweigen zu bewahren hätten.

»Wie lange sind Sie schon im Personalbereich tätig?«

»Fast zweiundzwanzig Jahre in drei unterschiedlichen Unternehmen.«

»Haben Sie nie in Erwägung gezogen, mit dem Kläger darüber zu sprechen? Die Anschuldigungen sind doch sehr massiv, zum Teil sogar von Mitte 2018. Da könnte man doch auch darüber nachdenken, ihn abzumahnen?«

»Ja klar. Ich hatte das auch so bei Greta Vogl während der Übergangszeit angeregt. Das wurde mir jedoch untersagt. Ich persönlich kenne das so.«

»Wer hat dieses Protokoll der angeblichen Verfehlungen geführt?«

»Greta Vogl und Karl Huber.«

»Wer hat die Sachverhalte zu Protokoll gegeben?«

»Amihan Gellela. Alles so in den letzten drei Monaten, bevor Herrn von Thaysens gekündigt wurde. Das geht hier aus den Daten hervor.«

»Wie war Ihre Zusammenarbeit mit dem Kläger?«

»Professionell. Herr von Thaysens war mir gegenüber immer sehr freundlich. Meistens sachlich. Wir hatten eine normale Zusammenarbeit.«

»Ich habe keine weiteren Fragen. Gibt es Fragen von Ihnen?«

Der Anwalt von Amihan Gellela sagte: »Nein, keine weiteren Fragen.«

Herr Smarkov wandte sich an die Zeugin: »Haben Sie selbst mitbekommen, dass Herr von Thaysens sich direkt oder über andere rassistisch über die Beklagte geäußert hat?«

»Nein. Nie.«

»Habe ich das richtig verstanden: Die Befütterung des Protokolls über die angeblichen Verfehlungen Herrn von Thaysens ist ausschließlich über Frau Gellela erfolgt?«

»Ja, so muss es gewesen sein.«

»Hat Frau Gellela Namen genannt? Kollegen, Mitarbeiter, die diese Sachverhalte in dem Protokoll bezeugen können?«

Die Zeugin kramte in den Unterlagen und sagte schließlich: »Nein, jedenfalls ist kein Zeuge benannt. Hier steht nur ein Mal, dass ein Fahrer ein lautes Anschreien mitbekommen habe, aber kein Name.«

»Ich habe keine weiteren Fragen.«

Ich hakte nun nach: »Warum haben Sie mir nie einen Hinweis gegeben? Ich verstehe das nicht. Da wurden Sachen über mich protokolliert, die nie stattgefunden haben, und mir sagte keiner was. Können Sie mir das bitte erklären?«

»Das kann ich leider nicht. Ich hatte die Anweisung, mit Ihnen nicht darüber zu sprechen. Ich war in der Probezeit. Es tut mir leid.«

»Unfassbar, dieses Gebaren. Glauben Sie ernsthaft, ich hätte mich so verhalten?«

»Mir gegenüber haben Sie das nicht. Was die Sachverhalte im Protokoll betrifft ... das kann ich nicht beurteilen.«

Herr Smarkov mischte sich ein: »Keine weiteren Fragen. Können wir kurz unterbrechen?«

»Ich unterbreche auf Antrag des Klägers für zehn Minuten.«

Wir suchten uns wieder eine ruhige Ecke im Gerichtsgebäude.

Ich war außer mir, total sauer und aufgeregt: »Was soll das? Da wird eine Liste aus dem Hut gezaubert, die nie zuvor thematisiert wurde. Man muss sich das mal vorstellen: Greta Vogl schreibt mir heute noch Glückwunschnachrichten per WhatsApp zum Geburtstag, wünschte mir letzten Monat frohe Weihnachten, aber kurz zuvor hat sie an dieser Intrige gegen mich mitgearbeitet? Haben die alle eine Schraube locker? An wen bin ich da geraten?«

Herr Smarkov blieb ganz ruhig: »Wir hatten anfangs darüber gesprochen. Es war nur eine Frage der Zeit, wann der Gegenstoß kommt. Die haben sich alles für den Gerichtsprozess aufgespart. Aber bringen wir es doch mal auf den Punkt: Weder der erste Zeuge noch die Zeugin gerade konnte bezeugen, dass Sie sich rassistisch geäußert oder verhalten haben. Auch dieses Protokoll gibt keinen Hinweis darauf. – Und nur darum geht es. Es läuft für Sie nach wie vor gut. Behalten Sie die Ruhe. Jetzt kommt Karl Huber. Den können Sie meinetwegen auseinandernehmen – aber ruhig und sachlich.«

Die Verhandlung wurde fortgesetzt und Karl Huber aufgerufen, der daraufhin den Gerichtssaal betrat.

»Können Sie uns einen Sachverhalt schildern, als Herr von Thaysens sich rassistisch gegenüber der Beklagten verhalten hat?«, fragte der Richter.

Karl Huber sagte: »Ich habe eine Frage vorab.«
»Bitte«, meinte der Richter.

»Ich habe als Geschäftsführer meines Unternehmens im Rahmen des Vergleichs mit Herrn von Thaysens eine Stillschweigeklausel vereinbart. Des Weiteren besagt der Vergleich, dass ich die damals erhobenen Vorwürfe gegen Herrn von Thaysens nicht aufrechterhalte. Wenn ich jetzt in diese Richtung aussage, hat das dann negative Folgen für mich?«

»Sie sind als Zeuge geladen. Sie müssen aussagen.«

Herr Smarkov grätschte heftig dazwischen: »Wir sind gespannt auf Ihre Aussage. Es wird ja alles protokolliert. Der Gesetzgeber lässt da einige Möglichkeiten offen. Sein Sie sich sicher, dass wir im Nachhinein alles prüfen werden. Darüber hinaus weise ich das Gericht darauf hin, dass die eingangs gestellte Frage einen unerlaubten Ausforschungsbeweis darstellt. Ich bitte meine Ausführungen zu protokollieren.«

Das saß. Karl Huber riss die Augen auf, schaute erschrocken, geradezu ängstlich. Ihm liefen wieder dicke Schweißperlen an der Stirn herunter, so wie damals, als ich ihm mein *Gebetsbuch* mit meinen Erfolgen präsentierte.

»Haben Sie meine Frage von eben verstanden?«, wollte der Richter von Karl Huber wissen.

»Ja ... Ich bin über die rassistischen Äußerungen Herrn von Thaysens von Frau Gellela mehrmals informiert worden. Frau Gellela saß oft bei mir und weinte.«

»Das war nicht meine Frage. Ich fragte Sie, ob Sie sich selbst an rassistisches Verhalten des Klägers gegenüber der Beklagten erinnern können.«

»Wie gesagt, ich bin darüber von Frau Gellela informiert worden. Es gab für mich keinen Zweifel am Wahrheitsgehalt. Herr von Thaysens hat sich eine Menge Ausreißer erlaubt, warum also nicht diese?

Herr Smarkov mischte sich ein: »Haben Sie die Frage des Richters nicht verstanden oder wollen Sie sie nicht verstehen?«

»Doch, schon. Ich bleibe dabei: Es gibt keinen Zweifel an den Verfehlungen des Herrn. Er hat sich ja eine Menge erlaubt. Und es gab für mich keinen Zweifel an den Ausführungen von Frau Gellela.«

Herr Smarkov setzte nach: »Sie können also bestätigen, dass Herr von Thaysens in Ihrer Gegenwart nicht rassistisch war. Nie.«

Karl Huber wand sich weiter: »Das weiß ich nicht mehr, ist schon zu lange her. Jedenfalls gab es viele Entgleisungen von Herrn von Thaysens.«

Ich fragte einigermaßen beherrscht: »Welche denn? Ich habe Sie damals gefragt, als Sie mir mit der Kündigung drohten, was Sie mir vorzuwerfen hätten. Da kam nichts. Und jetzt kommt auch nichts. Aber angeblich hätten Sie mit mir gesprochen, hat die Zeugin eben ausgesagt. Das stimmt auch nicht. Ihre Mitarbeiterin hat eben hier eine Liste mit angeblichen Entgleisungen von mir präsentiert, darin sind konstruierte Sachverhalte aus Juni 2018 und so enthalten. Warum haben Sie nie mit mir darüber gesprochen? Es hätte sich alles aufgeklärt. Welches Motiv hatten Sie, mich auszugrenzen?«

Karl Huber erwiderte: »Ihr Führungsstil war unter aller Sau.«

»Herr Huber, bitte bewahren Sie die Fassung.«

Ich fuhr fort: »Sie haben mir junge Nachwuchsführungskräfte zum Coaching zugeordnet, weil Ihnen meine ruhige, konstruktive und ergebnisorientierte Führung imponierte. Das haben Sie selbst damals genau so gesagt. Und das soll sich innerhalb weniger Monate geändert haben?«

»Ich bin nicht für Ihre Verhaltensänderung zuständig«, meinte Karl Huber nur.

»Das stimmt«, sagte ich entrüstet, »denn es gab ja keine Verhaltensänderung.«

»Ich finde schon.«

»In welchem Verhältnis standen Sie zu Frau Gellela zum Zeitpunkt meiner Kündigung?«, wollte ich nun wissen.

»In einem normalen Arbeitsverhältnis. Sie ist meine Mitarbeiterin. Immer noch.«

»Nur Mitarbeiterin?«

»Herr von Thaysens, worauf wollen Sie hinaus?«, fragte der Richter.

»Ich kann belegen, dass dieses Verhältnis weit über ein normales Arbeitsverhältnis hinaus ging!«, erwiderte ich.

»Dann kommen Sie auf den Punkt. Stellen Sie eine Frage.«

Ich fragte also: »Herr Huber, waren Sie jemals privat mit Frau Gellela aus?«

»Ich weiß nicht, was das hier soll?«

»Ich kann durch einen Zeugen belegen, dass Sie mit Frau Gellela mindestens ein Mal abends aus waren. In einem italienischen Lokal. Der Zeuge und ich haben Sie beide in eindeutiger Pose zusammen gesehen.«

»Na und?«

»Es liegt zumindest der Verdacht nahe, dass Sie hier eine Gefälligkeitsaussage tätigen.«

Karl Huber war fix und fertig, sein Kopf wurde knallrot. Er kochte innerlich. Seine Halsschlagader schwoll dick an. – Ich hatte ihn erwischt.

Der Richter ging nun wieder dazwischen: »Ich präzisiere meine Frage: Haben Sie unmittelbar mitbekommen, wie Herr von Thaysens Frau Gellela rassistisch beleidigt hat?«

»Ich bleibe bei meiner Aussage. Es gibt für mich keinen Zweifel daran, dass Frau Gellela mir gegenüber die Wahrheit gesagt hat.«

Der Richter sagte emotionslos: »Für das Protokoll: Der Zeuge kann nicht bestätigen, dass Herr von Thaysens gegenüber Frau Gellela rassistisch war. Weitere Fragen an den Zeugen?«

Herr Smarkov sagte: »Keine weiteren Fragen.«

Der Anwalt von Frau Gellela meinte: »Ich denke, es ist klar zum Ausdruck gebracht worden, dass der Kläger ein Tyrann ist.«

»Dann schließe ich hiermit die Beweisaufnahme. Das Gericht zieht sich zur Beratung zurück. Fortsetzung in dreißig Minuten. Die Verhandlung wird unterbrochen.«

Pünktlich nach 30 Minuten wurde die Verhandlung fortgesetzt.

Der Richter ergriff das Wort: »Ich möchte noch mal auf den Beginn dieser Verhandlung zurückkommen. Schließt die Beklagte weiterhin einen Vergleich kategorisch aus? Ich kann der Beklagtenseite nur empfehlen, auch hinsichtlich weiterer Kosten für Termine, Beweisaufnahmen, Gutachter und Kosten für Vorladungen von Ärzten des Klägers sowie Zeugen des Klägers in eine Vergleichsverhandlung mit dem Kläger einzutreten. Ich kann auch ein Urteil sprechen, aber ich muss offen sagen: Es wird nachteilig für die Beklagte sein.«

Herr Smarkov legte noch einen drauf: »Ungeachtet dieser Tendenz des Richters kann ich für meinen Mandanten sagen, dass wir uns nicht scheuen werden, in die nächste Instanz zu gehen, wenn hier kein passables Ergebnis für uns rauskommt. Mein Mandant verfügt über eine Rechtsschutzversicherung. Kosten für weitere Instanzen spielen für meinen Mandanten daher keine Rolle.«

Der Anwalt der Gegenseite erwiderte: »Wir bitten um Unterbrechung. Ich möchte meine Mandantin beraten.«

»Die Verhandlung wird für fünfzehn Minuten unterbrochen.«

Während die anderen sich berieten, zogen wir uns in die gleiche Ecke zurück wie zuvor.

Ich fragte Herrn Smarkov: »Was glauben Sie, wird jetzt passieren?«

»Der Richter hat eine klare Tendenz zu Ihren Gunsten durchblicken lassen. Frau Gellelas Anwalt wird ihr jetzt nahelegen – jedenfalls würde ich es so machen –, in eine Vergleichsverhandlung mit Ihnen einzusteigen. Wir beiden müssen jetzt nur eine Sache klären: Wollen Sie sich vergleichen?«

»Ich hätte gern ein Urteil.«

»Kann ich verstehen. Nur bedenken Sie eines: Ein Urteil wird es heute nicht geben! Der Richter wird einen weiteren Termin anberaumen, irgendwann in den nächsten Monaten. Dazu wird er Dr. Schellmann, Frauke Michel, Ihre Frau und vielleicht auch Schwester Anja einladen, möglicherweise sogar einen externen Gutachter beauftragen, der Sie untersucht, um die Höhe des Schmerzensgeldes zu bemessen. Das muss er machen, damit sein Urteil später nicht angreifbar ist. Wenn Sie das möchten, machen wir das.«

»Ich möchte das ungern. Vor allem möchte ich Carola da raushalten, die hat genug mit mir mitgemacht.«

»Das finde ich richtig. Sie alle haben viel mitgemacht. Lassen Sie uns gleich den Preis hochtreiben und einen Vergleich zu Ihren Gunsten abschließen.«

»Na gut, so machen wir es.«

Der letzte Versuch von Amihan Gellela war gescheitert; auf Rassismus konnte sie in der Verhandlung nicht mehr setzen. Dieser Aspekt war schon von Dr. Zichon im Vorverfahren widerlegt und in diesem Verfahren von Herrn Smarkov mit den Schriftsätzen abermals ausgehebelt worden. Auch die Zeugen konnten, wollten oder durften diesen Sachverhalt nicht mehr aufgreifen. Die Gegenseite wollte mich in dieser Verhandlung als Tyrann hinstellen, um den Preis für Amihan Gellelas Intrige zu reduzieren, aber das war gründlich in die Hose gegangen. Jetzt lagen alle Vorteile in meiner Hand.

Wieder wurde die Verhandlung fortgesetzt.

»Zu welchem Ergebnis ist die Beklagte gekommen?«, fragte der Richter.

Der Anwalt von Amihan Gellela antwortete: »Nach Erörterung der Sachlage möchte sich meine Mandantin mit dem Kläger vergleichen. Wir bitten um eine Unterbrechung, um mit dem Kläger in einem anderen Raum vertraulich einen Vergleich aushandeln zu können.«

Ich sagte: »Nein, das brauchen wir nicht. Wir handeln den Vergleich hier offen aus. Das kann ja ganz schnell gehen. Die Fakten liegen auf dem Tisch.«

Hinten im Zuschauerbereich saßen die Zeugen von Amihan Gellela: Karl Huber, der Exkollege und die Nachfolgerin von Greta Vogl. Sie hatten sich nach ihren Vernehmungen dort platziert und verfolgten den Prozess. Sie sollten sehen, wie ich Amihan Gellela für ihre Intrige zur Kasse bat, wie sie Lehrgeld bezahlen würde – im wahrsten Sinne des Wortes. Ich war fest entschlossen, mein Körper eine einzige Adrenalinbombe.

»Dass muss doch nun wirklich nicht sein«, meinte der gegnerische Anwalt.

Ich darauf: »Stimmt. Das musste alles nicht sein. Dass wir hier sitzen, hat Ihre Mandantin zu verantworten, nicht ich.«

»Wir bieten Ihnen ein Schmerzensgeld von tausendfünfhundert Euro an und meine Mandantin wird nicht mehr behaupten, dass Sie ein Rassist sind beziehungsweise Sie sie rassistisch beleidigt haben.«

»Das können Sie vergessen. Der zweite Aspekt ist sowieso klar, das hat das Verfahren ja ergeben. Die Höhe des Schmerzensgeldes ist deutlich zu niedrig.«

»Mehr hat meine Mandantin nicht«, meinte der Anwalt.

»Das lässt sich einfach prüfen«, erwiderte ich. »Ihre Mandantin kann Ihre Vermögensverhältnisse offenlegen: Gehalt, Boni, Sparverträge, Lebensversicherung, Schließfächer, Schmuck – alles, was sie hat. Gibt es eine Kostenübernahmebestätigung durch den Arbeitgeber? Hat Karl Huber sich bereit erklärt, die Kosten zu übernehmen?

»Hören Sie auf mit Ihren Spielchen!«, schnappte der Anwalt. »Was fordern Sie?«

»Wie gesagt: Punkt zwei Ihres Angebotes ist klar. Die Höhe des Schmerzensgeldes orientiert sich an unserem Schreiben an Frau Gellela vom vierzehnten März, also sechzehntausend Euro.«

Herr Smarkov hatte sich bequem in seinem

Stuhl zurückgelehnt und überließ mir das Feld. Wir hatten uns darauf verständigt, dass er nur die rechtlichen Aspekte des Vergleichs überwachen sollte, die Verhandlung führte ich selbst.

Der Anwalt von Amihan Gellela meinte nur: »Damit kommen Sie nicht durch.«

»Lassen wir es darauf ankommen. Wie erwähnt sehe ich weiteren Verhandlungstagen, Zeugenvernehmungen, Gutachten et cetera gelassen entgegen. Es kann nur teurer werden für Frau Gellela. Der Ball liegt bei Ihnen. Überdies trägt Ihre Mandantin die Kosten des Verfahrens. Natürlich komplett.«

»Wieso? Sie können einen Teil der Kosten übernehmen. Sie haben doch eine Rechtsschutzversicherung.«

»Aber warum sollte ich das tun?«

»Sie können damit meine Mandantin finanziell entlasten und so mehr Schmerzensgeld einfahren.«

»Wie Ihre Mandantin die Mittel auftreibt, ist mir gelinde gesagt egal.«

Der Anwalt sagte ergeben: »Können wir bitte erneut unterbrechen? Ich muss mich mit meiner Mandantin beraten.«

»Die Verhandlung wird für fünf Minuten unterbrochen.«

Amihan Gellelas Anwalt wollte die Kosten für seine Mandantin reduzieren, indem er einen Teil davon auf meine Rechtsschutzversicherung verlagerte. Der Versuch war legitim, für meinen Geschmack jedoch zu plump und zu schnell zu durchschauen.

Herr Smarkov meinte zu mir: »Sie haben wirklich Glück. Der Richter will das hier unbedingt mit einem Vergleich zu Ende bringen. Er möchte es unbedingt vermeiden, irgendwann ein Urteil zu sprechen, weil die Sache echt haarig ist. Vor allem die Höhe des Schmerzensgeldes. In Deutschland ist Schmerzensgeld ja immer noch ungewohntes Terrain, damit tun sich die Richter schwer – im Gegensatz zu den USA. Wäre die Sache eindeutiger für den Richter, würde er Sie niemals so gewähren lassen. Sie sind echt hart.«

»Thats Business!«, sagte ich lakonisch.

Die Verhandlung wurde fortgesetzt.

»Zu welchem Ergebnis ist die Beklagte gekommen?«, fragte der Richter.

»Wir bieten Folgendes an«, sagte der gegnerische Anwalt: »Schmerzensgeld in Form von drei Raten über jeweils viertausend Euro, fällig am ersten März 2020, am ersten Mai 2020 und am ersten Juli 2020, zahlbar auf das Anderkonto des Prozessbevollmächtigten des Klägers. Darüber hinaus die Übernahme der Verfahrenskosten zu neunzig Prozent. Die Beklagte verpflichtet sich, keine Äußerungen mehr über den Kläger zu tätigen, die verächtlich sind, insbesondere Äußerungen, dass der Kläger die Beklagte rassistisch beleidigt habe. Die Beklagte verzichtet auf eine Widerrufsklausel. Die Sache wäre damit erledigt.«

Ich schaute Herrn Smarkov an.

Er nickte. »Machen Sie das, ich kriege die zehn Prozent bei Ihrer Rechtsschutzversicherung durch. Überdrehen Sie die Schraube nicht, sonst ist das Gewinde kaputt«, sagte er leise.

Ich lehnte mich zufrieden zurück. Das Angebot in einen Vergleich zu gießen, übernahm wieder Herr Smarkov. Die Punkte wurden Stück für Stück vom Richter in ein Protokoll formuliert. Binnen 20 Minuten war der Vergleich geschlossen. Ich war erleichtert und vollkommen zufrieden. Es fielen Felsbrocken von mir ab!

Ich packte meine Unterlagen in meine braune Ledertasche und zog meinen Mantel an. Herr Smarkov wollte sich noch vom Anwalt der Gegenseite verabschieden. »Das macht man so unter Kollegen«, meinte er zu mir. Es war 13.00 Uhr. Um 14.00 Uhr war ich mit Andreas Gmeiner zum Mittagessen in der Stadt verabredet. Um 17.06 Uhr ging mein Zug zurück nach Berlin.

Ich verließ den Gerichtssaal, schritt die Stufen hinunter und blieb vor dem Gerichtsgebäude stehen. Ich griff in meine Innentasche und holte eine Zigarette heraus: Es war die letzte Zigarette, die von meinem mehrtägigen Absturz, meinem Pennerleben übrig geblieben war. Ich hatte davor und danach nicht geraucht. Jetzt steckte ich sie mir in den Mund, zündete sie an und nahm lange Züge, inhalierte sie tief in meine Lunge. Mit dieser Zigarette beendete ich die Angelegenheit ultimativ.

Dann ging Amihan Gellela an mir vorbei. Als sie neben mir war, sagte sie: »Sorry, Benny.«

Printed in Poland
by Amazon Fulfillment
Poland Sp. z o.o., Wrocław